# はじめて受け持つ

# 6 小学校年生の

## 学級経営

小川 拓 編著

# 新しい時代の学級経営とは

　2020年4月、コロナ禍で多くの学校が休校を余儀なくされる中で、小学校では新しい学習指導要領が全面実施となりました。「社会に開かれた教育課程」「カリキュラム・マネジメント」「主体的・対話的で深い学び」「プログラミング教育」など、多くのキーワードが語られていますが、その多くは教科の学びに関することです。

　では、学級経営は、これまで通りでよいのでしょうか。答えは「否」です。もちろん、これまでのやり方を180度転換する必要はありませんが、変えていかねばならない部分は少なからずあります。

　ポイントは大きく二つあります。一つ目は子供たちの「主体性」を伸ばすことです。

　これまでの日本社会は、製品等をより効率的・大量に生産し、流通・販売させることで発展してきました。そして、学校教育では与えられた課題を「速く」「正確に」こなす力を子供たちに養っていました。

　しかし、時代は変わり、今は自ら課題を見つけ、周囲と協働しながら解決・改善していく力が求められています。会社で言えば、製品を作ったり、管理したりする力よりも、新しい商品・サービスを企画したり、販売や流通のアイデアを提案したりする力が求められているのです。今後、単純作業の多くがAI（人工知能）に代替されていけば、その傾向はますます強まるでしょう。

　そうした流れの中で、新しい学習指導要領では「主体的な学び」が提唱されました。とはいえ、子供の「主体性」は教科の学びの中だけで育まれるものではありません。日々の学級活動、学校行事、そして教師と子供たちとの交流なども含め、教育活動全体を通じて育まれていくものです。

　二つ目は、子供たちに「多様な他者と協働していく力」を養うことです。

　今の日本社会は、10年前、20年前とは比べ物にならないほど多様化しています。自分が受け持つクラスに、外国籍の家庭の子供がいるという教師も多いことでしょう。また、現在の学校では、発達に特性のある子供への対応も求められています。こうした流れも含め、これからの時代の学級集団はますます、多様なバックボーンを持つ子供たちで構成されるよう

になっていくはずです。

　実社会に目を向けても、多様化は進んでいます。企業の中には、多様な国籍の人たちが国境を超えて集い、互いに連携しながらビジネスを展開している所も少なくありません。今後、オンライン化やテレワーク化が進む中で、そうした傾向がさらに強まっていく可能性もあります。

　すなわち、これからの時代を生きる子供たちには、多様な価値観・文化・背景と触れ合い、対話を重ねながら合意形成を図っていく力が求められています。そうした背景も含め、新しい学習指導要領では「対話的な学び」が提唱されたわけです。この力も、教科指導だけでなく、生活指導も含めて育んでいくべきものだと言えます。

　つまり、これからの時代の学級経営は、たとえ子供たちが教師の言うことにきちんと従い、完璧に統率が取れていたとしても、活動が受け身で相互理解が図られていないようでは意味がありません。目指すべきは、子供たちがやりたいことを次から次へと提案し、友達と意見交換をしながら、主体的に計画・実行していくような学級です。そうした学級経営こそが、「予測不可能な社会」をたくましく生きていく子供たちを育てるのです。

　本書「はじめて受け持つ小学校6年生の学級経営」は、そうした学級経営を実践するための知恵やアイデアを詰め込んだ実用書です。1～6年生版の全6冊シリーズで構成され、それぞれの学年の発達段階を踏まえ、効果的な学級経営のやり方等が解説されています。全6冊とも全て、4月の「始業式（入学式）」から始まり、3月の「修了式（卒業式）」で終わる時系列構成になっているので、その時々でご活用いただけます。難しいことは抜きにして、すぐに使えるネタや小技、工夫が満載なので、「学級経営に悩んでいる」という先生や「初めて○年生を受け持つ」という先生は、ぜひ手に取ってみてください。

2021年3月

小川　拓

イラスト　後藤 美穂

# PART 1

# 学級経営の基本

　最高のクラスをつくるために、まずは学級経営の基本を確認しましょう。このPARTでは、絶対に失敗しない学級経営の法則、6年生の担任として押さえておきたい発達段階・道徳性などを解説していきます。

# 1 絶対に失敗しない学級経営
## ―「3つの法則」でより良い学級経営を―

## 1.　人間関係が良ければ成長する法則

　皆さんは新しい学級を担任したら、どのようなクラスをつくりたいでしょうか。「やさしいクラス」「楽しいクラス」「素敵なクラス」等、きっといろいろな思いがあることでしょう。そうしたクラスをつくるために、何を一番に考えて指導していく必要があるでしょうか。それは、ズバリ**「人間関係」**です。特に小学校の担任は、学級の中の人間関係をより良くするための指導ができなければ、つくりたいクラスはつくれません。

　**皆さんは、「人間関係を崩した」ことがありますか?**

つらくて、何も手につかないし夜も眠れない…。

　もう少し、具体的に言うと、「仲間はずれにされたことがありますか?」「特定の人と組織（学級を含む）内で口も聞かないくらい気まずい関係になったことがありますか?」教師になるまでの間でも、一度くらいは経験がある人も多いでしょう。その時、どんな気分だったでしょう。人間関係が苦で、何も手につかなかったのではないでしょうか。

　人間関係が良くなければ、人は何もやる気が起きなくなってしまいます。右の図はアルダファーのERG理論のピラミットです。このピラミッドのように、「生存欲求」が満たされると、人は「関係欲求」を満たそうとします。「関係欲求」が満たされると自分の成長を満たしたくなるのです。極端な話、人間関係さえより良くできれば、人は勝手に成長していくのです。それは勉強だけに限りません。スポーツや趣味も同じで、自分を伸ばそうと努力を始めるのです。

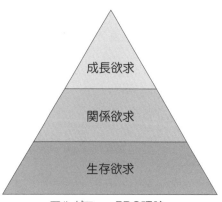

アルダファーERG理論

英会話を始めたいな！毎日、体力づくりで、ランニングしよう！勉強もがんばろう！！

　このことからも、その学年に応じた学級経営を行いながら、人間関係のことも考えながら、学級経営を進めていく必要があります。

# 2．褒めることで信頼関係が深まる法則

　人は信頼している人の言うことしか聞きません。威圧的な教師や上司の言うことを聞く場合もありますが、それは心の底から話を聞き、態度に表しているのではなく、怖いからやるのであって能動的な行動ではありません。そのような状況下では、大きな成長や創造的な考えは生まれないでしょう。

　それでは、子供たちはどのような人を信頼するのでしょうか。それは簡単です。褒めてくれる人のことを信頼するのです。言い換えれば、褒めてくれる人の言うことを聞くのです。心の底からという言葉を付け加えるのであれば、褒める人の言うことしか、「心の底」から聞きません。

　より良い信頼関係を築くためには、どのように褒めていけばよいのでしょうか。人間は、人の悪い所はよく目につくものです。気を付けていなくても悪い所やいけない行為は気になります。その部分について指摘するのは簡単です。一方で、褒めるという行為は、常に対象となる子供たちを褒めてあげようという気持ちがなければ、褒めることはできません。そうしなければ、気付かないで流れてしまうのです。

褒める気
スイッチ
ON

　人を褒めるときには、「褒めるという自分のスイッチを入れ、スイッチをオンのまま壊す位の気持ちが必要だ」と考えます。「褒めてあげよう！褒めてあげよう！」という気持ちを常に持たなければ、子供を褒めることはできないのです。

　それでは、褒める際にはどこに気を付ければよいのでしょうか。以下、「褒め方10か条」を紹介します。

## 褒め方10か条

1. 小さなことでも進んで褒める。
2. タイミング良く素早い反応で褒める。
3. 三度褒め、言葉を惜しまない。
4. 事実を具体的に褒める。
5. 成果だけでなく、過程や努力を見逃さない。
6. 次の課題や改善点を見いだしながら褒める。
7. 言葉だけでなく、体全体で褒める。
8. スポットライトで映し出して褒める。
9. 褒めることを途中でやめない。
10. しんみりと成果を味わって褒める。

# 3.「きまり」の徹底が学級をより良くする法則

　学校や学級には大きな「きまり」から小さな「きまり」まで、さまざまなものがあります。大きな「きまり」は事故につながったり、人命に関わったりするようなこと、あるいは一人一人の人権に関わるようなことなどが挙げられます。これらの「きまり」は、子供が考えて決めるものではありません。生徒指導に加え、全教科・領域の中で行う道徳教育等を通して、指導の徹底を図っていく必要があります。

　大きな「きまり」ではない小さな「きまり」については、学級の中で決めていくことが大事です。低学年であれば、ある程度は担任が決めてあげる必要もあるでしょうが、なるべく子供同士が話し合いながら決めていくことが望ましいでしょう。

　教室の中には、目に「見えないきまり」がたくさんあるのです。掲示してあるような「きまり」がある一方で、掲示するほどではない「きまり」もたくさんあるのです。例えば、「机の上の教科書、ノート、筆記用具の配置」「自分の上着などをかけるフックのかけ方や使い方」「忘れ物をしたときの報告の仕方やその後の対応」「給食のときの並び方や片付けの仕方」「掃除の始め方や終わり方」「授業のときの挙手の仕方のきまり」等々です。これらの「きまり」を「見えないきまり」と呼びます。そうした「きまり」は、自分たちの生活をより良くすることを目指して子供たちと話し合いながら決め、大きな「きまり」については学校や教師からしっかりと伝えていくことが大事です。

## (1)「見えないきまり」の作り方は?

　「見えないきまり」をどうやって作るかというと、良い行いをしている子を「褒める」ことで作っていきます。教室に入ってきたときに、しっかりとあいさつをした子を褒めれば、

「先生が教室に入ってきたときにはあいさつをする」というルールが出来上がります。始業式の日にあいさつについて褒める（指導する）ことができなければ、子供たちは「あいさつはしなくてよいものだ」と思ってしまいます。

　机の上の整理がしっかりとできている子を褒めれば、自分も褒められたいがために、真似をする子も出てきます。その様子を褒めれば、小さな「きまり」は定着していきます。そしてその次の時間、また翌日…といった具合に、整理整頓等ができている子を見逃さずに褒めていければ、クラス全体に浸透していくことでしょう。これは強制的なきまりではなく、子供たちが自ら進んで行う「きまり」にもなっていきます。

## （2）全体に関わる「きまり」を決めるときは全体で！

　休み時間などに、子供たちがこのように問い掛けてくることがあります。

　「明日の図工の授業に、○○を持って来ていいですか？」

　この時、即答してはいけません。細かい質問に一人一人対応していくと、後で「聞いた」「聞いていない」「あの子は許可されて、自分は許可されていない」など、人間関係を崩す要因になります。全体に関わる「きまり」の場合には、学級全体に投げ掛けることが大事です。学年の場合も同様で、自分のクラスだけ特別なものを持参していたり、特別な行為をやってよかったりすると、クラス間の人間関係も崩れます。全体に関わる「きまり」については即答を避け、クラス全体・学年全体で話し合い、方向性を決める必要があります。「きまり」を大切にするクラスは、学級経営に秩序と安心感を生み出し、より良い学び舎となるのです。

## （3）その他「どうせ張るなら」こんな「きまり」

　できていないことを張り出しても効果はありません。前向きになる掲示を心掛け、積極的な生徒指導をしていくことが大切です。常に前向きな言葉掛けで、子供を育てましょう。

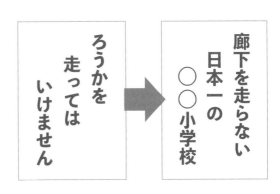

# 2 6年生担任の押さえておきたいポイント
## －発達段階と道徳性の理解－

## 1. 6年生の体と心の発達

　6年生は、小学校の最高学年で児童期の後期にあたり、大人になるための基礎づくりをする時期です。小学校から中学校へと生活環境の大きな変化を控え、心身ともに不安定になりやすい時期でもあります。また、思春期真っただ中ですので、男女の差が目立ち始め、心と体が大人に向かって大きく変化します。自立心が芽生え、判断力や思考力の高まりが見られたり、論理的に「何をどうすべきか」「どうありたいか」を考えたりできるようになります。反面、反発したり素直になれなかったり、反抗的な態度が目につくようにもなります。心と体の変化に大きな不安と戸惑いを感じながら、大人へと変わっていくのが6年生という時期です。

　大きな変化の一つは「性的な成熟」、二次性徴です。男女の体つきの違いがはっきり現れてくるため、たとえ小さいことであっても、自分の体の変化について不安や悩みを持つ子供が増えます。また、男子よりも女子の発達の方が早く見られます。

　もう一つは「精神的自立」です。教師や親から心理的に離れ、自立を求める気持ちが強まります。その結果、大人の指示や学校のルールなどの枠にはめられることに反抗や批判の気持ちを抱くようになり、それが言動にも表れます。そのため、学校や家庭での子供への接し方が重要になってきます。

## 2. 6年生の興味・関心

　6年生になると、学級会や委員会、クラブ活動などで仲間と話し合い、折り合いをつけながら合意形成し、みんなで決めたことを実践するなどの集団運営が上手になります。また、「自分たちで決めたことは最後までやり遂げる」という責任感も強くなる一方で、その決定に従わない子供に対する批判や攻撃が強くなってしまうこともあります。同時に、教師に対しても同じような判断基準で見ようとするので、先入観やその場の雰囲気、感情などで指導

すると、反発されます。事実に即し、根拠を明らかにした上で指導し、良いことをしたときにはしっかり称賛するなどメリハリのある指導を心掛けましょう。

# 3. 6年生の社会性や道徳性

6年生には、「学級だけではなく、学校全体のことを考えて行動する」という視点を持たせることが大切です。6年生になると、学校行事や委員会、掃除や異学年交流など、さまざまな場面で大きな役割を担い、活躍することを期待されます。役割や責任を果たしたり、リーダーシップを発揮したりできるよう、日頃から教師が一人一人の活躍を把握し、がんばりを認めるようにしましょう。また、結果だけを評価するのではなく、そこに至るまでの過程、努力を見逃さず認めてあげることが大切です。

さらには、そうした努力を学級全体にも伝えていくことで、子供同士も称賛したりねぎらい合ったりできる雰囲気がつくられます。活動がうまくいって、「6年生すごい！」「あんな6年生になりたい！」と下級生から憧れの目で見られれば、子供たちは充実感を覚えるとともに、自己肯定感も高まります。

# 4. 6年生の指導に当たって

## （1）自治力を育てる

6年生になると、自分の立場だけではなく、他者の立場で考えたり、物事を論理的に筋道立てて考えたりできるようになります。そのため、友達同士でトラブルが生じたときも、教師が一方的に指導をするは望ましくありません。相互の話をきちんと聞いた上で、子供自らが関わっている全ての人の立場を考えながら判断・解決できるよう、信じて見守ることも必要です。

## （2）中学校へとつなぐ

6年生になったときから、行事や学習など、あらゆる活動が小学校生活のまとめとして位置付けられることが多くなり、子供たちは小学校生活が終わることを感じ始めます。学級や学校のために役割を果たしたり、友達と協力して活動したりする機会を多く経験させましょう。それが成功しても失敗しても、取り組みの姿勢やがんばりを称賛することで、子供は「自分を成長させる良い経験」だと自覚し、中学校という新しい環境へ進む自信が付いていきます。

# 4月上旬〜中旬の
# 学級経営

　1年間のうちで最も大切だと言われるのが、年度当初の学級経営です。このPARTでは、学級が最高のスタートを切るために、4月上旬〜中旬にすべきことなどを具体的に解説していきます。

# 学級開き
## ―信頼関係を構築する場―

## 1. 学級開きとは

　さあ、新年度。6年生ともなれば、同学年の友達は互いに顔や名前を知った仲ではあるでしょう。しかし、そこはやはり新しいクラス。子供たちは、新鮮でありつつも期待と不安に胸を膨らませ、多少の緊張感を持ち合わせながらこの日を迎えています。また、最上級生として小学校生活最後という特別な1年を迎えるわけですから、担任への期待も大きくなっているかもしれません。

　では、「学級開き」とは何をすればよいのでしょうか。大切なことは大きく3つあります。

> ①担任の人となりを伝える。
> ②このクラスをどうしていきたいか、最高学年としてどうあってほしいかのビジョンを伝える。
> ③クラスの基本ルールを伝え、見通しを持って活動できるようにする。

　小学校生活最後の1年、6年間の総まとめをする大切な1年です。担任と共に「クラスづくりをするぞ」という意欲を高め、信頼関係を築くきっかけとなるような学級開きにしましょう。

おめでとうの文字は、大きく見やすく！

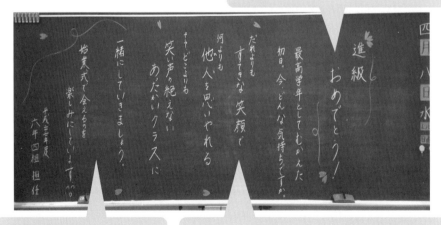

最高学年を迎えるにあたり、担任としての思い、願いを端的にわかりやすい表現で。

字の上手さではなく、心を込めて書くことが大切。黒板アートもよいし、文字で担任が判断されそうな場合はパソコンで作ったものを掲示する。

# 2. はじめが肝心！「3秒・3分・30分」

　「黄金の３日間」とよく言われますが、４月当初は、その後の学級経営を左右するくらい、学級経営の基礎を築き上げる上でとても重要な期間だということです。何事も最初が肝心です。しかし、現実には思うように学級の時間が取れない場合もあります。「最初の３日間で、これとこれは絶対やらなければいけない」と考えすぎず、学校の実情や学年・クラスの実態に合わせ、優先順位を決めて最低限すべきことを行っていくとよいと思います。

　特に大切にしたいのは、初日の「３秒・３分・30分」です。

## （1）最初の3秒

　これは始業式での初顔合わせ、いわゆる担任紹介の一瞬です。前に立ったその瞬間に、子供たちは教師の人となり、価値観を本能的に感じ取ります。第一印象は、「先生さ～、始業式の時○○○だったよね～」と、その後もずっと子供たちの印象に残るものですから、この３秒は侮れません。服装はもちろんのこと、呼名された際にはハキハキとした返事をして、満面の笑顔で明るく爽やかな第一印象を持たせられるとよいでしょう。

## （2）次の3分

　教室に入った後の担任の自己紹介です。入学式の準備等で、すぐに教室に戻れない場合もありますが、どのタイミングでも構いません。あくまでも自己紹介の３分ということです。ここでは、最初の３秒の印象をより深くする時間でもありますので、いろいろ工夫を凝らして臨みたいところです。クイズ形式やゲーム形式にしてみたり、インタビューや芝居のようにしてみたりするのもよいでしょう。最近では、ＩＣＴ機器の活用が盛んですので、そういったメディアツールを使っても構いません。「今年の担任、なんか面白そう！」「このクラス、楽しくなりそうだな」という印象を与えられれば、子供たちの安心感や意欲につながります。そして、自己紹介の最後に忘れてはいけないのが、クラスに対する担任の思いです。「こんなクラスにしたい」「こんな最高学年になってほしい」という思いとともに、してはいけないことや叱るポイント等、子供たちやクラスへの思いも毅然と伝えましょう。そして、この場で話したことは、

どんなことがあってもぶれずに根気強く指導をし続けることです。担任が濁したり誤魔化したり例外を作ったりすれば、子供たちの不信感を招き、信頼関係は一気に崩れていきます。

### （3）最後の30分

ここからは子供たちの自己紹介の時間です。子供たち一人一人の名前を呼び（出欠を取る際でもOK）、読み方と顔を確認します。ここでは、読み間違いをしないように十分に気を付けましょう。事前にしっかり確認し、正しい読み方で呼名することも、担任への信頼感につながります。

自己紹介を行う際は、単なる自己紹介ではなく、ゲームやアクティビティ等を取り入れたものにすると、多少なりとも緊張している子供たちの気持ちが和らぎます。

## 3．学級開きの留意点

前述した通り、何事もはじめが肝心です。第一印象が良ければ、子供たちのクラスに対する期待感も高まり、気持ち良くスタートを切ることができます。最初から「あれはダメ、これはダメ」と言い、ルールやシステムの押し付けばかりしていては、子供たちはうんざりします。もちろん、良いこと・悪いことを教えていくのが学校・教師の役割ではありますが、あくまでも子供たちと担任とで一緒に作り上げていくという基本姿勢を忘れないことが重要です。

最近は、始業式の翌日から通常の時間割になったり、給食が始まったりする学校も増えています。子供たちがスムーズに活動できるよう、給食や掃除、日直など必要な仕事も割り振っておく必要があります。その際も、「こうしましょう」と押し付けるのではなく、最高学年ですから、子供たちが今まで経験してきたことや得てきたものもたくさんあります。「給食当番、どのようにやってきた？」「掃除場所が全部で〇カ所ありますが、どうやって分担しようか？」など、子供たちの意見やアイデアも尊重し、「いいとこ取り」をしながら進めていきましょう。また、時には、給食の開始日や掃除分担場所のみを伝え、あえて役割分担をせず、子供たちを信じて全てを任せてみる場面があってもよいと思います。

## 4．学級開きアレコレ

次ページに、担任の自己紹介や子供たちの自己紹介のやり方等、「3秒・3分・30分」の例を紹介します。自分なりにアレンジを加えるなどして実践してみてください。

## 3秒

はい！
よろしくお願い
します！！！

現任、再任の場合は、顔は知れていますから、クラスの先頭に立ち、手を振るなど、親しみやすさを出してみてもよいでしょう。転任、新任の場合は、フレッシュ感たっぷりでいきます。マイクを使わず地声で話すのも、注目ポイントです。

## ICT機器の活用

プレゼンソフトを使い、名前をパズル状のようにバラバラに表示し、「第1問！先生の名前は？」「第2問！先生の得意なことは？」など簡単な3択クイズ形式ですると、単純ですが盛り上がります。

## 3分

黒板に自分の名前の頭文字を「あいうえお作文」風にして書き、思いを伝えてみましょう。例えば、

や…やさしい笑顔と
ま…まごころは
だ…だれにも負けません！
1年間、よろしく！！

もちろんフルネームでもOKです。

楽器演奏が得意であれば、それを披露しながら自己紹介をすれば、子供たちを一気に引き付けられます。ギターを弾きながら、ハーモニカを吹きながら、演奏に合わせて言いたいことを盛り込みます。アーティストのように衣装を工夫（帽子やかつら、サングラス等）するのも面白いと思います。

名前だけ紹介したら、じゃんけんインタビュー。じゃんけんに勝ったら（負けでもあいこでも）、先生にインタビューできる権利獲得。時間や条件だけはきちんと確認し、可能な限り子供たちのインタビュー（質問）に答えていく。食べ物や色、教科など、身近なことで共通点を見いだしやすく、親近感が湧きます。

## バースデーラインや握手リレーでアイスブレーキング

子供たちが一言も発せず、身振り手振りのみで誕生日順に一つの輪を作っていきます。担任も一緒に入りますが、タイム計測を忘れずにします。成功してもしなくても、全員のコミュニケーションを取る努力を称賛しましょう。輪になったところで握手リレー。手をつなぎ、右手→左手の順に手をぎゅっと握って伝えていきます。6年生にもなると、スキンシップを嫌がる子もいますが、あえて実施します。こちらもタイムを記録しておき、何かのたびにトライして、タイム更新の方法を考えさせるのもよいでしょう。

## 30分

教室の中央にスペースを作り、いす取りゲームの要領で音楽をかけます。止まったら、近くの人とじゃんけん→自己紹介をさせます。終わるか終わらないかのタイミングで音楽をかける、止める、を繰り返します。

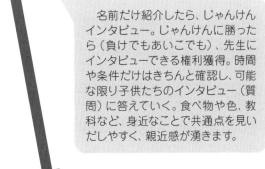

小規模校、単学級等である程度関係性ができている場合は、思い切ってドッジボールやおにごっこなどの簡単な外遊びへ出てしまいましょう。性格や人間関係を見るチャンスです。

# 2 朝の会
## －1日の計は朝の会にあり！－

## 1. 朝の会の目的とは

　朝の会をどのように行っていますでしょうか。学年で決められたことを、ただ何となく行っていないでしょうか。1日を充実した日にするには、スタートの切り方がとても重要です。1日のスタート次第で、その日に子供が得られるものが大きく変化すると言っても過言ではありません。まさに「1日の計は朝の会にあり」なのです。ここでは、子供のやる気がみなぎり、事故やけがなく安全に過ごせる朝の会の進め方について紹介します。

| 朝の会 |
|---|
| （1）朝のあいさつ |
| （2）健康観察 |
| （3）今月の歌 |
| （4）1分間スピーチ |
| （5）係からの連絡 |
| （6）先生の話 |

## 2. 朝の会の基本的な考え方

　朝の会で押さえたいこととして、以下の4点が挙げられます。

### （1）子供の健康状態の把握

　健康観察簿を使って、子供の健康状態を把握します。呼名をして、自分の体調を自分の言葉で言わせることが重要です。その際、元気だとしても、その言い方や姿勢に普段と違う様子が見られたら、注意深く観察する必要があります。6年生にもなると、さまざまな悩みを抱え、表面上は元気に見せようとする子もいます。その背後にある見えない不安を感じ取る場が、朝の健康観察の場面なのです。毎回同じことを行うからこそ、違いが見えるのです。

### （2）眠っている脳を起こす

　公立学校には、さまざまな子供が登校しています。スポーツ少年団などの習い事で平日休日関係なく練習に参加している子、両親が共働きで自分のことを自分でしている子、塾で夜遅くまで勉強している子…。6年生は、下の学年と比較して入眠時刻が遅いというデータもあります。さまざまな事情を抱えた子の「眠っている脳」を起こさなくてはいけません。どのように起こすかは、教師の工夫のしどころです。

## （3）1日の予定を知らせる

　時間割通りの場合も、担任と子供で情報の齟齬がないように、予定を必ず共有します。委員会やクラブ活動など特別な集まりがある場合には、確実にそれが伝わるよう、口頭で伝達した後、側面の掲示板に全員が見えるように記載しておきます。また、週の初めには、1週間の見通しが持てるよう、特別な予定がある場合や期限があるものに関しては知らせておく必要があります。

## （4）1日を充実して過ごせるような声掛けを行う

　学校は「安全・安心」な場所でなければいけません。そのため、事故や争いなどを防ぐため、事前に種をまいておきます。例えば、一人一人が気持ち良く生活できるために、担任の思いを話して朝の会を終わりにします。ここでは、学級の実態に応じて、よくできていることと、課題となることを一つずつ話すくらいにとどめます。しかし、この30秒程度の担任の思いが、1日をどう過ごすか考えるきっかけになりますので、粘り強く繰り返すことで、充実した1日を過ごそうとする子供が増えていきます。

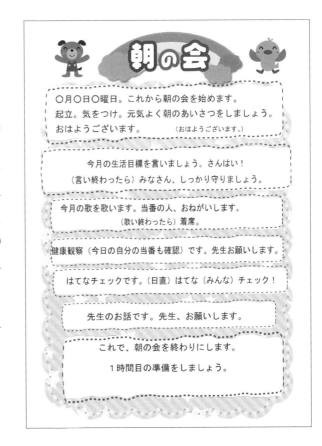

朝の会

〇月〇日〇曜日。これから朝の会を始めます。
起立。気をつけ。元気よく朝のあいさつをしましょう。
おはようございます。　　　　（おはようございます。）

今月の生活目標を言いましょう。さんはい！
（言い終わったら）みなさん、しっかり守りましょう。

今月の歌を歌います。当番の人、おねがいします。
（歌い終わったら）着席。

健康観察（今日の自分の当番も確認）です。先生お願いします。

はてなチェックです。（日直）はてな（みんな）チェック！

先生のお話です。先生、お願いします。

これで、朝の会を終わりにします。
1時間目の準備をしましょう。

---

**コラム**

### 朝の会で歌を歌うのはなぜ？

　朝の会では、よく全員で歌を歌います。男子も女子も頭声発声を意識し、きれいな声で歌うよう指導している人も多いでしょう。なぜ、朝の会で歌を歌うのでしょうか。

　一人一人の声は違います。でも、頭声発声で歌えば、その声が同じ声質に変化します。合唱はみんなの声で一つの輪を作ります。輪の一部が出っ張ったりへこんだりしないよう、みんなが同じ気持ちになって歌うようになります。これが普段の生活の思いやりや協働につながり、思わぬ相乗効果を生むのです。

# 3 帰りの会
## ─明日へとつながる儀式─

## 1. 帰りの会の目的とは

　帰りの会をどのように行っていますでしょうか。学年で決められたことをただ何となく行っていないでしょうか。ただ「さようなら」を言うだけなら、「会」にする必要はありません。つまり、帰りの会をただ何となく済ませているであれば、それは「会」ではないということです。帰りの会は「明日へとつながる儀式」です。「明日」の一日を充実した日にさせるには、「今日」の帰りの会がとても重要なのです。具体的に、どのような工夫が必要なのか、以下に紹介していきます。

| 帰りの会 |
| --- |
| (1) 今日、かがやいていた人 |
| (2) 引きつぎ |
| (3) 1日のめあてたっせいかくにん |
| (4) 先生の話 |
| (5) つくえの整とん |
| (6) 帰りのあいさつ |

## 2. 帰りの会の基本的な考え方

　帰りの会で押さえたいこと、実践したいこととして、以下の5点があります。

### (1) 係活動の発表の場とする

　「なぞなぞ係」や「マジック係」、「お笑い係」など、発表が可能な係には、輪番で発表してもらうようにします。みんなが楽しめる上に、係活動に目標を持たせ、人前に出ることで発表への自信をつけさせられる恰好の場となります。短時間で計画的に行うことが大切です。

### (2) 1日の振り返りを行う

　明日へとつなげるためには、今日という1日がどうだったか、振り返る必要があります。具体的に、どのように振り返りをさせればよいのでしょうか。

　例えば、月・水・金に限り子供たち一人一人と交換日記のようなものを行い、帰りの会の3分間を使ってその日一日のことを振り返らせ、担任に話したいことなどを自由に書かせるという方法があります。一人一人に返事を書くのは大変ですが、それに見合った効果はあり、学級経営もうまく回ります。あらかじめ、その日記は担任しか見ないと伝えておけば、学習

や人間関係の悩みなど、抱えているものを日記に書く子供も出てきます。その悩みに適切な対応を取ることで、信頼関係が醸成されていきます。

## （3）朝の会で話した課題を検証する

（2）の延長線上にありますが、朝の会で話した課題が上向き傾向の場合、褒めて1日を締めくくります。新しい課題等は、ここでは言いません。帰りの会で言っても、その日中に改善するチャンスがないからです。もし、課題を話したいなら、翌日の朝の会で話します。帰りの会では、「また、明日もがんばろう」と思えるよう、担任が思いを持って話すことが重要です。そうした小さなことの積み重ねが、大きな学級経営の力となります。

## （4）認め合う場とする

これも（2）の延長線上にありますが、今日という1日を振り返る中で友達の良い行動を探し、発表するという取り組みをします。発表者は日直です。これを定例化すると、日直は友達の良い行動を探そうと、ポジティブな意識を持って1日を過ごすようになります。

もちろん、日直だけでなく、人数制限を設けて発表させても構いません。その子たちも同じく、友達の良い行動を探しながら1日を過ごすでしょう。友達とは自分の鏡です。例えば友達のことを「優しい」と感じる心があれば、その優しさと同等の優しさが自分に備わっているということになります。つまり、友達の良い行動を探せば、いずれそれが自分のものとして返ってくるのです。

## （5）交通安全への声掛けをする

帰る直前に、交通安全を意識するように必ず毎日言います。1日も欠かしてはいけません。子供たちが何度も頭で反すうするように、繰り返し声掛けをします。折を見て具体的な指導も入れていきます。こうして何度も声を掛けることで、子供は言われなくても分かるようになります。それでもしつこく言い続け、絶対に交通事故がないよう、意識させることが重要です。

# 4 授業開き 各教科最初の授業
## ―各教科最初の授業をどうする？―

## 1. 教科指導の基本

　教科担任制などが進んではいますが、それでも担任による授業が1日のほとんどを占めています。その意味で、授業（学習指導）＝学級経営の一部と言えるでしょう。「授業が面白い！」「学習することが楽しい！」と思わせることはもちろんですが、子供たち一人一人の学びを認め、励ましていくことも大切です。さらに、中学校へ向けて、小学校のうちに身に付けておくべき基礎・基本の定着を図ることも忘れてはいけません。以下に挙げる三つについては、最初の授業できちんと説明しましょう。そして、定着するまで何度も繰り返し、根気強く指導を続けていくことが重要です。

### （1）学習用具の確認

　最初に「全員で確認する」「例外は認めない」を徹底した姿勢で行いましょう。生徒指導とも関連した「〇〇小のきまり」といった約束がある学校も多いかと思いますので、学年で相談し、なるべく具体的に示し、学年・学級便り等を通して家庭に知らせ、理解、協力を仰ぐことも大切です。

### （2）ノート指導

　ノートのマスや行数、大きさといった規格を最初にきちんと確認しましょう。最初の1冊は学年で一括購入する学校もありますので、そのような場合には、購入しなくてもよい旨を家庭にしっかりと知らせておきます。

　ノート指導は、年度初めに丁寧にかつ徹底することが大切です。①日付を書く、②めあてを書く、③課題・問題を写す、など統一を図りましょう。あわせて、黒板に字を書く際は、子供たちのノートのマスや行に文字数を合わせる、といった丁寧な書き方をすれば、子供たちもスムーズにノートに写すことができます。また、板書の時間は十分に確保し、待つ姿勢を忘れないことも大切です。

### （3）学習ルールの確認

　6年生ですので、すでに数えきれないほどの授業を受けてきています。また、学校によっ

ては基本のルールが決まっているところもありますので、今までの積み重ねを大切にしながら進めていきましょう。とはいえ、やはり授業の基本的な流れ、発表の仕方、話の聞き方、ノートを取るタイミングなどは、最初の授業でしっかり確認しましょう。今までのやり方を確認し、一つ一つきちんと説明しながらやらせるとともに、根気強く丁寧に教えていきましょう。また、ルールや決まり事を視覚化しておくことも、定着を図る上では効果的です。そして、授業の流れを分かりやすくパターン化することで、落ち着いて学習に臨めるようになります。

図1　パターン化した授業の流れ

| 導入 | 展開 | 終末 |
|---|---|---|
| ・本時の課題、問題を明確にし、授業の見通しを持たせる。<br>・日常生活に関連付けた問題提示や、驚きや感動のある導入の工夫。<br>・自力解決の意欲喚起につながる教材・教具の工夫。 | ・体験的・問題解決的な学習活動の設定。<br>・授業のねらいに応じた学習形態の工夫、及び自力解決の時間の十分な確保。<br>・読む・書く・話す・聞く・作業するといったさまざまな活動を取り入れた授業展開。 | ・適用問題、練習問題を行い、本時で身に付けさせるべき内容の定着を図る。<br>・本時のねらい、めあてに即した学習の振り返りの時間を設定する。<br>・次時の予告をし、今後の学習の見通しを持たせる。 |

## 2．学習形態の工夫

　子供たちの学習意欲を高め、主体的に学習させるためには、授業のねらいを示した上で、子供たちの実態に応じた学習形態を取り入れることが大切です。以下に、いくつか例を示します。

①**一斉指導**（主に授業の導入、終末に効果的）

②**ペア学習、グループ学習**（子供たち同士の意見交流に効果的）
　→ここでは、ICTの活用も考えられます。タブレット端末を用い、意見の交流、共有を図ってもよいでしょう。

③**教え合い学習**（適用問題等、基礎・基本の定着を図る上で効果的）
　→一斉指導や個別指導で教師に教わるより、「ちびっ子先生」等のシステムにより、子供たち同士で教え合ったり確認し合ったりする方が、理解が深まることもあります。また、人間関係の構築にも効果的です。

④**探究学習**（課題をもとに調べ学習を進める→個人やグループでプレゼン発表）

# 国語の授業開き
## －表現する楽しさを知り、自ら学ぶ子供に育てる仕掛け－

## 1. 誰もが知っている詩からスタート！

　金子みすゞさんの詩、「私と小鳥と鈴と」。これを知らない小学生はいないでしょう。この詩を使って、自分の考えを表現することが楽しいと感じるような国語の授業開きを紹介します。1人1台のタブレット端末を持ち、ロイロノートというアプリを使用した実践です。

---

**【授業の流れ】**

T：（水を入れたペットボトルとタライを用意して）今から水の音を聞いてもらいます。どのように聞こえたか、音を書きましょう。

S：（聞こえた通りの音を言葉にしてカードに書く。）

T：では、書いた人から提出箱に提出しましょう。（大型スクリーンに子供たちのカードを並べて表示）みんな同じように表現しているかな？（「じょろじょろ」、「ちょろちょろ」等の表現が並ぶ）同じ人はほとんどいませんね。今日の授業では、この詩を使います。（「私と小鳥と鈴との詩」を黒板に貼る）

> めあて：聞いて、書いて、読んで、考えよう。

　詩を送ります、受け取りましょう。一度読みます。その後音読をします。

S：（音読をする。ワークシートを受け取る。）

T：筆者は金子みすゞさんです。この詩から筆者の伝えたいことは何でしょう。作者が込めた思いを一言で言うと？そうです、これを主題と言います。

S：（「個性」「尊重」などの意見が出てくる）

T：主題文はどうなりますか？「人は～」から始めて書いてみましょう。

S：（「人は、一人一人個性が違い、それを大切にする必要がある」など）

T：では、主題に沿って、オリジナルの詩を書いてみましょう。
　　（「私と○○と●●と」○○には動くもの、●●には動かないものを入れます。）

---

　この授業開きは、タブレット端末や大型スクリーンを使わずとも実践することができます。年度最初の授業ですので、無理はしなくても大丈夫です。

## 2. 自ら学ぶ子供を育てる授業づくり

　授業は単元のゴールから組み立ていくとよいでしょう。子供が学びたくなるゴールを子供と共に考えます。例えば、「自然に学ぶ暮らし」の学習では、読んでいる本の中から一冊を自分で選び、紹介文を書きます。そこでも、ただ紹介文を書くことをゴールにするのではなく、「紹介するためにアプリづくりをしよう！」などといった形で、子供と目標を共有します。社会とつながるようなホンモノのゴールを設定することで、子供たちの気持ちは乗ってきますし、ワクワクしたまま目的意識を持って学習を進めることができます（使用したアプリ：Prott）。

　学習のゴールを決めた後は、学習計画も子供と一緒に考えます。この単元は8時間あることを伝え、ゴールに到達するためにやらねばならないことを一緒に考えます。もちろん、初めは一緒にアイデアを出したり順番を考えたりしますが、2学期、3学期になるにつれて、一人一人が自分に合わせた学習計画を立てられるようになります。「僕は、書くのが得意だから下書きと本書きを2時間にしょう」「調べるのは家でやってくるから、文章構成に時間をかけよう」などと、主体的に学ぶ、頼もしい声が聞こえてきます。

## 3. 語彙力を増やすためのシステムづくり

　漢字テストは、100点が満点である必要はありません。180点や250点等、100点以上を取る子供が続出するようなテストがあってもよいと思います。日々の漢字練習が「作業」ではなく、「語彙を増やす時間」へと変化していきます。

　そうした漢字テストの仕組みや取り組み方を説明します。使用する漢字テストは、業者からまとめて購入する漢字ドリルや漢字スキルについている一般的なもので構いません。子供にはいつも通りに漢字テストを配付し、穴埋め問題に取り組ませます。ここまではよくある漢字テストと同じです。通常なら、このまま見直しをさせ、終わった人から提出しますが、子供たちに「用紙の空いている場所に、その漢字テストで問われている漢字を使って、熟語を記入しよう」と伝えます。テスト時間は8分とすれば、回収まで10分で終了します。

　採点は、通常の問題の点数の他に、空欄に書いてある熟語を1つにつき10点をプラスします。すると、子供は漢字テストで100点以上を取ろうして、日々の漢字練習で熟語集めを一生懸命してきます。理解の早い子供ほど熱心に取り組み、漢字テストの時間は鉛筆で字を書く音が教室に響き渡ります。気が付くと、多くの子供が100点以上を取れる力が付いています。

# 算数の授業開き －わり算を発展的に扱うネター

## 1. わり算の考え方と種類

　高学年・中学校になるとわり算、分数等、相互の考え方が重要になってきます。6年生の授業開きでは、3年生のわり算から、わり算の種類、「割合」「単位量あたりの大きさ」の意味を復習していきます。

## 2. 授業の構成

### 「今日は、6÷2の勉強をします。」

　冒頭でこう問い掛けると、子供たちは「かんた～ん」というような顔をして「3！」「3！」と答えていきます。

　「答えは3ですね。それは、簡単です。わり算には、2種類あると今までずっと勉強して来ました。6÷2を使って簡単に説明してください。」

　そう言うと、子供たちの表情は一気に曇ります。3年生のときに2種類習ってはいますが、多くの子供は、その違いが曖昧なままきていることが多いからです。

　「それでは、文章題にしてみてください。割られる数の6をお饅頭（イメージ化しやすく、後で図式化しやすい）にして問題文をつくってください。」

　どうにか、2つの文章題が出来上がります。

- 6個のおまんじゅうがあります。2個ずつ分けます。何人に分けられますか。
- 6個のおまんじゅうがあります。2人で同じ数ずつ分けます。1人分は何個になりますか。

### 「それでは、この2つを簡単に説明してください。」

　こう問い掛けると、「『何人に分けられますか』と『1人分は何個になるでしょう』の違いです」など、苦しい説明が続きます。

　子供たちが困ったところで、説明に移ります。

　「単位や助数詞つけます。単位は分かりますね。「本」「匹」「人」「個」などを助数詞と言います。」

　「①は、『6個』から『2個』ずつ、引いていくと、何人に分けられるか分かります。1回（2個を）引くと、4個になり。2回引くと2個になり、3回引くと0個になります。3回引

①6個÷2個
②6個÷2人

くことができたので、3人に分けることができます。この『わり算』は『引き算』でできます。」

「②は『6個』から『2人』を引くことができません。同じ物ではないからです。『単位』や『助数詞』を使うと分かりやすいです。こちらの『わり算』は『引き算』ではできません。答えまで書くとこうなります。」

①6個÷2個＝3人
②6個÷2人＝3個／人

「①の答えの単位や助数詞は文章題から探さなくてはいけません。②の答えの単位や助数詞は『個』と『人』を組み合わせてつくります。3個、毎（マイ）、人と読み、意味は1人あたり3個となります。」

「わり算は『引き算でできるもの』と『引き算でできないもの』があります。『引き算でできるもの』を『包含除』、『引き算でできないもの』を『等分除』と言います。この言葉は、覚えなくて大丈夫です。これは、5年生の時に習った、『割合』『単位量あたりの大きさ』でも同じです。」

「①6個÷2個＝3人は、『割合』で考えると、2個が3回分入っているので、『3』となり、300％と表すことができます。

②6個÷2人＝3個／人は、『1人あたり』ということからも、『単位量あたりの大きさ』と同じということが分かります。」

この後、「割合」「単位量あたりの大きさ」の復習問題を行うとよいでしょう。

## 3. 板書例

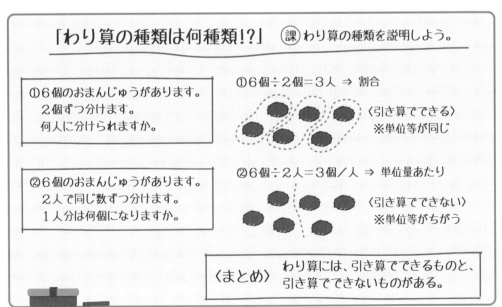

## 道徳科の授業開き ―子供の心を揺さぶる―

## 1. 道徳科の目的

　6年生にもなると、道徳科の授業にもかなり慣れ、話し合い活動も活発になります。逆に活発な意見交換ができなければ、6年生で扱う道徳の内容がしっかりと身に付かない可能性すらあるので注意が必要です。それは6年生の道徳が、白か黒かだけの話ではないものが多いからです。そこで、6年生までに培った社会的経験と実生活によって得た知識等をフル稼働させ、決着のつかない問題に折り合いをつけていくのです。しかし、達成しなければならない「めあて」はあります。そのめあての達成に向かって、子供の心を揺さぶれるだけ揺さぶり、葛藤させ、身に付けさせたい価値を確実に押さえていくのが道徳の目的と言えます。

## 2. 授業の中で大切にすること

### その状況にある主人公の気持ちになりきること

　作家の北村薫氏は「空飛ぶ馬」の著者の言葉の中に「小説が書かれ読まれるのは、人生がただ一度であることへの抗議からだと思います」（北村薫「空飛ぶ馬」から引用）と書いています。子供は道徳の読み物を読み、主人公になりきることで、今後自分が遭遇するかもしれないさまざまな場面を疑似体験することができます。そして、その疑似体験を実生活と結び付けることで、初めて道徳的価値の芽が顔を見せることになります。

　発表の際は、主人公になりきり、実際の心の声を掘り起こすため、「主人公は～と考えたのだと思います」ではなく、「あんなことをするなんて、優しい人だな」など、台詞のようにすると、より心情理解につながります（もちろん、価値や教材で変化することはあります）。

# 3. 道徳開きの実際

## （1）なぜ道徳を学ぶのかを伝える

　全ての教科で、最初に必ず話すべきことは、その教科を学ぶ理由です。道徳はなぜ学ぶのでしょうか。それは、人が人として、幸せな人生を歩むためです。

　ネイティブアメリカンの言葉に次のようなものがあります。「あなたが生まれたとき周りの人は笑って、あなたが泣いたでしょう。だから、あなたが死ぬときはあなたが笑って、周りの人が泣くような人生を送りなさい」（HP「ネイティブアメリカン名言集」より引用）。道徳はボディーブローのように後から効いてくると言われます。小学校段階において、道徳科を学習し、道徳の芽が発芽する手助けをします。そして中学校、さらにその先で、その芽が大輪として咲くための指導を継続します。

　道徳を学ぶことで、大切な人に囲まれる幸せな人生が送れます。そのために学習するのだと子供たちに話しましょう。

## （2）子供に問い掛けてみる

　森博嗣の著書「笑わない数学者」の最後の場面に、老人と少女のやりとりがあります。老人は地面に棒で一つの円を描き、その中に入ります。そして少女に「円の中心から、円をまたがないで、外に出られるかな？」と問います。

　最初の授業の中でも、子供に同じように問い掛けます。少女はできないと言い、老人はできると言います。老人は「ここが外だ」と言うのです。少女は不思議に思い、どうしてそこが外なのか、老人に尋ねます。老人は、円を大きくしていくと言います。すると、円はやがて地球の円周を超え、地球の裏側へといき、どんどん小さくなっていきます。つまり外よりも中の方が大きくなるのです。

　通常、中と外を比較したとき、人は中の方が狭いと認識します。では、外と中を決めるものは何なのか、老人は最後に少女に言います。「君が決めるんだ。」

　大切なのは最後のこの部分です。中か外か判断がつかないものに、最終的に折り合いをつけて決定するのは、自分自身なのです。道徳を学ぶ際、さまざまな価値を自分の判断基準に照らし合わせて、自分で「決める」必要があるのです。そして、学習の中でその判断基準を磨き、実生活で輝きを持てるようにするのです。

　最初にこの話をすることで、子供たちは道徳の授業で、出合う場面に主人公として向き合い、白か黒かつけづらい課題に対して、自ら「決めて」いく覚悟を持つことができます。

# 5 学級目標を立てる
## ―全員の思いや願いを形に―

## 1. 学級目標とは

　学級目標とは、目指す学級の姿を表したものであり、その学級の「よりどころ」です。学級に対する「子供一人一人の願い」と「担任の願い」、そして保護者や地域の願いが同じゴールを目指し、その価値観を共有していく「よりどころ」となるものです。

　新年度、子供たちは担任との出会い、新しい仲間との出会いを経て、新たな学級集団で新しい学校生活を迎えます。誰もが、自分が1年間を過ごすクラスに「こんなクラスにしたい」「こんなことを大切にしていきたい」など、さまざまな思いや願いを持っています。また、大切な我が子を預ける保護者も同様に「こんなクラスにしてほしい」という思いや願いを持っています。そんな子供たちを預かる学級担任は、学級の経営者として学校教育目標や学年目標の具現化に向けて、学年の発達段階や子供の実態に応じて、どのような学級づくりをしていくのか構想を練り、明らかにしていくことが求められます。

## 2. 学級目標設定の前に

　1年間、クラス全員で共有し、担任と子供が常に意識していく目標ですから、慎重に考えなければいけません。4月当初は学級ができて間もないため、いくら6年生であっても深い話し合いは期待できないでしょう。ですから、しばらくは以下のように、折に触れて学級目標づくりの地盤を固めていく必要があります。

### (1) 担任の学級に対する思いや願いの説明

　年度当初の学級活動や朝の会・帰りの会の時間等を利用して、担任自身のクラスへの思いを分かりやすく、熱く語りましょう。保護者に対しては、学級通信や保護者会などで説明し、理解と協力を求めるとよいでしょう。

### (2) 学校教育目標、学年目標の説明

　始業式での校長講話や、学年集会での学年主任の話を受けて、担任から子供たちに学校教

育目標や学年目標をより具体的に説明しましょう。道徳科の時間を使ってもよいですし、朝の会や帰りの会などに繰り返し伝えても構いません。保護者に対しては、学校・学年だよりや保護者会で伝えましょう。

## （3）子供たちの思いの確認

　年度当初の自己紹介カードや「6年生になって」の作文、日々の関わりや日記などから、子供たちのクラスや友達に対する思いを把握しておきましょう。

## （4）保護者の願いの確認

　最初の保護者会で自己紹介を兼ねて話してもらったり、学級だよりにコメント欄を作って自由に記述して提出してもらったりしながら、保護者の願いを把握しておきましょう。また、面談や家庭訪問、連絡帳など、様々な機会を活用してコミュニケーションを図るよう心掛けましょう。

## （5）子供の実態把握

　前年度の申し送りや学力・体力テストの記録、家庭環境や友達関係などの事実確認はもちろん、4月からの学校生活で見えてくる子供の実態（学習状況、6年生を迎えての不安や悩み等）をよく観察して、しっかり把握しておきましょう。

# 3．学級目標を設定する上での留意点

　学級目標と言っても、担任自身が設定する「学級経営目標」と、担任と子供たちとが共に話し合って設定する「学級目標（集団目標）」があります。「学級経営目標」は、学級担任が子供たちの実態を把握した上で設定するものであり、子供と一緒に考えて設定するものではありません。この二つをきちんと区別して考える必要があります。

　また、学級目標は、ただ設定しただけでは意味がありません。「目標を羅列しただけ」「教室に掲示しただけ」では、せっかく設定した目標も機能しません。次のことに留意しながら、実現を目指す具体的な手立てを講じていきましょう。

---

① 学級目標を、学校教育目標や学年目標と関連付ける。
② 担任としての思いを明確にし、子供たちの実態、保護者の願いを十分に把握する。
③ 子供の学級への期待感、貢献しようとする気持ちを考慮する。
④ 学級目標の実現に向けて、具体的な活動計画を立てたり、子供一人一人の個人目標を決めさせたりして、何をすべきかが分かるよう積極的に指導する。

---

# 4.　学級目標の設定まで

　学級がスタートし、子供同士の会話や休み時間の交流が盛んになってきた頃合い（5月の連休明け頃）を見計らって、学級活動の話し合い活動（学級会）を行っていきましょう。学級目標について、クラス全員の思いや願いを出し合い、話し合った後、全員の合意の下で決めていきます（合意形成）。

---

### 1　学校教育目標、学校経営方針の理解
　「知・徳・体」の3つの観点から構成されていることが一般的で、4月当初の職員会議で校長先生から説明があります。

---

### 2　学年目標、学年経営方針の理解
　学年の子供に対する思いが込められたもので、学校教育目標を受けて学年経営方針が決められます。最初の学年会で学年主任から説明があります。

---

### 3　学級担任としての思いや願いの明確化
　学校教育目標、学年目標を受けて、担任自身の学級に対する思い、目指す児童像、学級像を明確にします。「知・徳・体」それぞれの観点で考えるとよいでしょう。

---

### 4　学級経営案構想の交流、確認
　学年会などで、それぞれの担任の学級に対するビジョンを交流し合い、学校教育目標や学年目標との関連を確認します。

---

### 5　学級開きからの指導（1カ月前後）→子供の実態把握

---

### 6　学級に対する担任と子供の願い、保護者の願いの一致

---

### 7　子供、担任の思いを集約した学級目標の決定
　学級目標は、子供一人一人の願いを出し合いながら「学級の総意のもとで決定する（合意形成）」ことに意味があります。学級会で、子供一人一人が自分の思いをしっかり発表できるよう、配慮しながら進めましょう。

　**【学級目標を決める話し合い活動】**
　①学級目標について（提案理由）、担任から説明する。
　②子供、担任、保護者の思い・願いを共有する。（出し合う）
　　→それぞれが記入したものを回収し、計画委員に短冊等に書かせ、事前に掲示しておくと、確認、共有の時間が短縮できる。
　③出し合ったキーワードから、どんな目標がよいか話し合う。
　　→学校教育目標や学年目標との関連、「知・徳・体」の3つの視点を意識させる。
　④意見や考えを出し合い、クラス全員で取り組める目標にまとめる。（比べ合う）
　⑤全員の合意のもとに、学級目標を決定する。（まとめる、決める＝合意形成）

---

### 8　日常における見届け、励まし、定期的な振り返り

## 5. 学級目標の活用

　学級目標が決まったら、教室内に掲示しましょう。学校教育目標や学年目標は、教室前面の黒板上部に掲示されるのが一般的ですが、近年はユニバーサルデザインの視点を取り入れ、教室側面や背面に掲示するケースも少なくありません。また、日常的に常に視界に入るものですので、学校・学年の実態に合わせ、次のような点に配慮しましょう。

---

① 6年生までに既習している漢字、ひらがなやカタカナ、英単語等を使用する。
② 温かみや優しさなど、クラスの雰囲気を表す工夫をする。（文字や紙の大きさ、色づかい、手書き、子供の直筆、イラスト等）
③ クラスの子供や担任だけでなく、その意味や目指すゴールが、誰にでも分かるように示す。
④ できるだけ行動目標（6年生として期待されている言動やその結果を、子供自身が日常的に評価できるよう動詞表記）の形で示す。

---

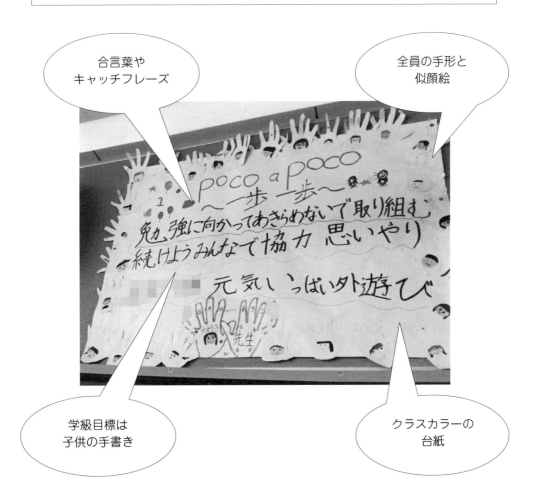

合言葉や
キャッチフレーズ

全員の手形と
似顔絵

学級目標は
子供の手書き

クラスカラーの
台紙

# 6 係・当番活動
## ―ポイントは可視化とシステムづくり―

## 1. 係活動と当番活動

　係活動と当番活動は、明確に分けた方がよいでしょう。

　そして、「係活動はなくても困らないもの」「当番活動はないと困るもの」として位置付けます。例えば、「生き物の飼育」は、なくては困るので「当番活動」。ノートやプリントを配る仕事もなくては困るので「当番活動」。学級新聞は、なくても困らないので、「係活動」。というような形です。

　整理すると、次のようになります。

---

### 当番活動とは…

- ● ないと困るもの。
- ● みんなが平等にやらなければいけないもの。
- ● 工夫がしにくいもの。

---

### 係活動とは…

- ● なくとも困らないが、あると楽しく、クラスが潤うもの。
- ● クラスのために自分の好きなこと、好きな活動ができるもの。
- ● さまざまな工夫ができるもの。

---

　それでは黒板の文字を消す仕事は、「当番」でしょうか「係」でしょうか。黒板を消す仕事は、「ないと困るもの」「工夫がしにくいもの」なので「当番活動」。ただし、黒板の文字を踊りながら消したり、歌を歌いながら消したりするのであれば、「係活動」にすることもあり得ます。

# 2. まずは当番活動の徹底から

　前述した通り、当番活動はクラスを円滑に運営するために必要な役割です。「一人一当番」を担い、クラスの仕事に責任を持って取り組んでもらいましょう。

　日直も当番として位置付け、一人一役で毎日違う仕事を担当してもらうようにします。

　毎日変わると、仕事のやり方が定着せず、うまく機能しないのではないかと不安になる人もいるかもしれませんが、やり方が分からない場合は前日にその当番の仕事をしていた友達に聞くように伝えましょう。そうすることで、クラスの子供同士のコミュニケーションも生まれます。

　「一人一役当番」の種類と仕事を以下に示します。

---

### 【一人一役当番の種類と仕事】

　1　日直…朝の会や帰りの会の司会、号令などの仕事

　2　黒板①…1時間目の黒板消し＆黒板消しをきれいにする＆チョークを3色確認

　3　黒板②…2時間目の黒板消し＆黒板消しをきれいにする＆チョークを3色確認

　4　黒板③…3時間目の黒板消し＆黒板消しをきれいにする＆チョークを3色確認

　5　黒板④…4時間目の黒板消し＆黒板消しをきれいにする＆チョークを3色確認

　6　黒板⑤…5時間目の黒板消し＆黒板消しをきれいにする＆チョークを3色確認

　7　黒板⑥…6時間目の黒板消し＆黒板消しを綺麗にする＆チョークを3色確認

　8　宿題チェック（学習カード）…朝、学習カードが出ているか確認

　9　宿題チェック（ノート）…朝、宿題のノートが出ているか確認

　10　並ばせ（男）…教室移動の際に男子の先頭に立ち、並ばせる。

　11　並ばせ（女）…教室移動の際に女子の先頭に立ち、並ばせる。

　12　手紙配り…手紙があったら、みんなに配る

　13　手紙配り…手紙があったら、みんなに配る

　14　手紙配達（朝）…朝登校したら、手紙ボックスから手紙を取ってくる。

　15　手紙配達（昼休み）…昼休みになったら、手紙ボックスから手紙を取ってくる。

　16　黒板更新…帰りの会の前に日付や曜日を変える。

　17　朝一換気…朝登校したら窓を開ける。

　18　電気…朝や移動教室の時などに電気のON／OFFをする。

　19　健康観察簿（行き）…登校したら、健康観察簿を教室に持ってくる。

　20　健康観察簿（帰り）…健康観察後、出席黒板に書き、健康観察簿を保健室に戻す。

　21　掃除ロッカー点検…掃除後、ロッカーを点検する。

　22　CD…給食の時、片付けや歯磨きの音楽を流す

　23　名札チェック（朝）…全員が名札を付けるよう声を掛けたり配ったりする。

　24　名札チェック（帰り）…名札を全員が返却するように声を掛け、集める。

25　窓閉め…帰る時に、開いている窓を閉める。

26　提出BOXセット…帰りの会の後、翌日の朝、宿題を提出するカゴを用意する。

27　廊下整頓…廊下の荷物が散らかっていないか確認する。

28　休み手紙／配り…休みの人へ手紙を書く。／仕事がなければ配り。

29　配り①…配りボックスに入っているものを配る。

30　配り②…配りボックスに入っているものを配る。

31　配り③…配りボックスに入っているものを配る。

32　配り④…配りボックスに入っているものを配る。

33　配り⑤…配りボックスに入っているものを配る。

34　配り⑥…配りボックスに入っているものを配る。

35　配り⑦…配りボックスに入っているものを配る。

36　配り⑧…配りボックスに入っているものを配る。

37　当番札並び替え…当番の札の「これから」と「おっけい」を変える。

38　落とし物当番…落とし物の持ち主をその場で見つける。

39　スーパーマン…お休みの人の当番の仕事をしたり自分から仕事を探したりする。

40　生き物当番…教室で飼育しているメダカのえさやり

　上記では日直も当番と位置付け、毎日当番が変わるようにローテーションしていますが、日直だけは別にローテーションし、他の当番も学期ごとに交換する方法でも構いません。

# 3.　可視化することで活動の質を上げる

　当番活動は、誰が仕事をしていて、誰がまだ仕事をしていないのか、その場で見て分かるようにしておくことが、やり忘れを防ぐことにつながります。そこで、右のような表を用意します。

　上の「これから」「おっけい」と子供たちの名前はマグネット式のプレートです。

　例えば、有泉君は「日直」です。左側「これから」の列にあるので、まだ当番の仕事が全て終わっていないことを表しています。「黒板①」の江藤さんは、「おっけい」のところにプレー

| これから | 当番 | おっけい |
|---|---|---|
| 有泉孝一郎 | 日直 | |
| | 黒板① | 江藤　香奈 |
| | 黒板② | 加藤　孝明 |
| | 黒板③ | 加藤　優佳 |
| 菊池祥一朗 | 黒板④ | |
| 栗原　央 | 黒板⑤ | |
| 斎藤　慶 | 黒板⑥／水筒 | |
| | 宿題チェック（学習カード） | 島田　雄介 |
| | 宿題チェック（ノート） | 髙橋　健太 |

トがあるので、この日の当番活動を終えていることを表しています。

　帰りの会が終わるまでに、この表が全員「おっけい」の方に移動していないと、さようならができない仕組みになっています。また、翌日は「これから」「おっけい」のプレートだけを入れ替えれば、同じように使えます。

　このようなシステムを作ることで、当番の仕事をし忘れることが減り、毎日どの子供が一生懸命当番活動に取り組んでいるかも把握できるようになります。

# 4. 生活班の中にも当番を

　生活班の中でも一人一役の当番を担ってもらうと、学校生活全般でとても便利です。例えば、4人班なら①学習長、②集配長、③給食長、④掃除長といった具合にです。5人班ができた場合は、それに⑤スーパーマンを加えます。これらの役割を1週間交代で担ってもらいます。

①学習長…主に、授業の話し合い活動でファシリテーターを務める（ファシリテーターとしてのヒントを常に見られるようにしておく）。

②集配長…主に、課題等を班でまとめ、担任のところまで届ける。

③給食長…給食の食べ残しがないか、お皿をチェックする。ストローのごみを回収する。

④掃除長…主に清掃活動のときにみんなをリードし、きれいになったかの最終確認をして担任を呼びに来る。

⑤スーパーマン…5人班ができてしまったときに置き、どの仕事もこなす。

　この4〜5つの役割があることで、たいていの仕事は子供に任せることができ、教師の負担を軽減することもできます。

---

## ファシリテーターのヒント

**A　オープンクエスチョン**

1　〜というと？
2　どんな感じ？
3　もう少しくわしく教えてください。
4　例えば？
5　具体的にどんな感じ？
6　どんなイメージ？
7　エピソードを教えてください。
8　なんでもいいですよ。
9　ほかには？

**B　クローズドクエスチョン**

1　数量（日時・回数・価格などを数字で表すこと）
2　名前（人名・商品名・事業所名・場所などの固有名詞）

**C　自己選択、自己決定を問うときの例**

1　どうしたい？
2　どうなったらいいと思う？
3　（選択肢の中から）どれだと思う？

## 5. 自主的に進める係活動にする仕掛け

　続いて係活動です。教師が係とその活動内容を決め、「さあ、係を決めます。どの係がいいですか？自分の好きな係に入っていいですよ」と問い掛ければ、6年生であれば問題なく係が決まることでしょう。ただ、それでは名ばかりの係活動、やらされ感が満載の係活動になってしまいます。

　やはり、自主的に進める係活動にするための仕掛けが必要です。例えば、係活動の目的を子供と共通認識した後、2人以上の組織であればどんな係でも発足を認めると伝えます。しかし、1カ月活動がないと、その係は消滅します。厳しいですが、クラスがより良くなるために必要がなかったと認定されるわけです。

　また、係紹介のカードの下には、活動記録を残します。ただ残すのではなく、木のイラストに丸いシールを貼っていきます。シールには、日付と名前を記入させ、「係の木」に葉っぱとしてシールを増やしていくわけです。「係の木」を見れば、意欲的に活動している係や子供が一目で分かります。わざわざ活動回数を補助簿にメモしたり、学期末に必死に思い出したりせずとも、通知表の評価に活用することができます。

　具体的な係活動の例を以下に示します。

「係の木」に、活動日と活動者を記載した丸いシールを貼っていく。

【係活動の例】

- ●レク係…休み時間の遊びを企画、運営する。
- ●新聞係…新聞を発行し、教室に飾る。
- ●季節の飾り係…季節の飾りを折り紙などで作って、教室をデコレーションする。
- ●お笑い係…お笑いライブを開く。
- ●心理テスト＆占い係…心理テストをしたり、占いをしたりする。
- ●クイズ係…クイズを出題する。クイズ大会を開催する。
- ●天気予報係…毎日の天気予報を伝える。
- ●劇団係…月に1回劇を上演する。
- ●保健係…けがをした人を保健室に連れていく。換気や健康についての情報を伝える。
- ●中国語係…中国語講座を開く。
- ●ストレッチ係…体が柔らかくなる講座を開く。
- ●ダンス係…ダンスライブをしたり、レッスンをしたりする。

ネーミングについては、例えば「占い係」を「表だけがかり」（裏がないから）としたり、「劇団係」を「劇団〇組」としたり、子供たちに自由にアレンジさせてもよいでしょう。また、「劇団係」などは、講演内容によってはキャストの数が足りないため、アルバイト募集として、期間限定で活動するメンバーを集めるなどしても構いません。

　ここまでの仕掛けをしても、活動を怠る係や子供は出てきます。その際に行うのが、「Thank you!!カード」「Motto!!カード」の交換です。学級活動の時間を使ってこのカードに手紙を書き、その係に渡します。「Thank you!!カード」には「〇〇してくれてありがとう」などと書かせ、「Motto!!カード」には「もっと〇〇してくれたら、クラスが盛り上がるなあ〜」などと書かせるのです。「Motto!!カード」には、「活動していない！」ではなく、「もっとこうしてほしい」と改善策を伝えることで、活動のヒントとします。

　このカードを交換し合い、その後に係活動を振り返る時間を取ると、どの係も着実にレベルアップします。

---

### Thank you!!カード

[　　　　　　　　　　　　係へ ]

☆「〇〇がよかった！楽しかった！」
　「クラスのために〇〇をありがとう」
　と伝えましょう

_____

_____

_____

_____

---

### Motto!!カード

[　　　　　　　　　　　　係へ ]

☆「もっと〇〇したらクラスが盛り上がるよ！」
　「私なら〇〇の活動をするかも！」
　「〇〇してくれたらうれしいな！」

_____

_____

_____

_____

---

―― 参考文献

・小川拓『効果2倍の学級づくり』（学事出版）

# 7 学級会
## ―より良い学級づくりのために―

## 1. 学級会とは

学級会は、特別活動における自発的・自治的な活動の中心となる内容で、「学級活動（1）学級や学校での生活をよりよくするための課題を見いだし、解決するために話し合い、合意形成し、役割を分担して協力して実践」する自主的・実践的な活動のことです（学習指導要領より）。特に、自分と違う意見や少数意見を尊重し、安易に多数決をするのではなく、折り合いをつけながら集団としての意見をまとめることの大切さを理解したり、合

意形成のための手順や方法を身に付けたりすることで、その他の特別活動の内容にも生かされることにつながります。ですから学級会では、課題解決のために提案理由をもとに話し合い、多様な意見をまとめ、合意形成を図っていきます。そして、決まったことは全員で共通理解し、忘れずに振り返りを行いましょう。

## 2. 学級会を始める前に

6年生にもなれば、今までに数多くの学級会を経験してきていることでしょう。とはいえ、学級会はそのクラス独自の話し合い活動であり、一つとして同じものはありません。基本的な手順や流れは、一人一人の経験を生かしつつ、次のようなことを事前に確認してから進めていきましょう。

---

■学級の状況確認
→ 学級目標の設定。子供の諸当番（給食、掃除等）に対する取り組み方。
→ 授業等での子供の発言の様子や話を聞く態度。

---

■問題や課題に気付く「種」

→ 議題ポストの設置、日常的に担任に相談できる雰囲気、子供が思いを出しやすい環境（日々の日記等）。

■司会グループの編成

→ 1グループ5～6人程度、1年間固定（もしくは一巡するまで固定）。司会、黒板記録、ノート記録の役割を全員が経験できるようにする（この司会グループに提案者と担任を加えたのが計画委員会のメンバーとなる）。

■学級会グッズの作成（学校全体で作成しているところもある）

→ 黒板掲示（議題、提案理由、めあて、話し合うこと、決まったこと、賛成・反対マーク、話し合いの流れ、時間表示、意見用短冊等）
→ 司会グループの役割名札、学級会ノート、計画委員会活動計画、提案カード

■学級活動コーナーの確保

→ 教室内の側面や背面などを活用し、学級会開催までの流れや次の学級会の予告、今までの学級会の足跡、実践の様子の写真等を掲示しておく。

## 3. 学級会の進め方と手順

学級活動（1）の基本的な流れに基づいて、学級会を進めていきましょう。年度当初のオリエンテーションがもちろん大切ですが、6年生だから全て任せてよいわけではなく、担任も学級の一員であり計画委員会のメンバーですから、必要な場面で助言をしながら一緒に取り組みましょう。

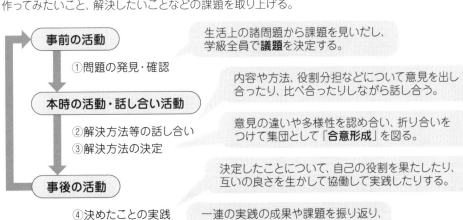

**学級活動（1）学級や学校における生活づくりへの参画　学習過程（例）**

（1）は、全員で協力して楽しく豊かな学級・学校生活にするために、みんなで取り組みたいこと、作ってみたいこと、解決したいことなどの課題を取り上げる。

**事前の活動**
①問題の発見・確認
　生活上の諸問題から課題を見いだし、学級全員で**議題**を決定する。

**本時の活動・話し合い活動**
②解決方法等の話し合い
　内容や方法、役割分担などについて意見を出し合ったり、比べ合ったりしながら話し合う。

③解決方法の決定
　意見の違いや多様性を認め合い、折り合いをつけて集団として「**合意形成**」を図る。

**事後の活動**
④決めたことの実践
　決定したことについて、自己の役割を果たしたり、互いの良さを生かして協働して実践したりする。

⑤振り返り
　一連の実践の成果や課題を振り返り、次の課題解決に生かす。

**事前の活動**

① 問題の発見（議題の集め方）
- 議題ポストへの提案
- 朝、帰りの会での話題
- 学級日誌や子供の日記
- 係、当番活動の感想
- 各委員会から

② 議題の選定（計画委員会）

③ 議題の決定（学級全員）

④ 活動計画の作成（計画委員会）
- 提案理由を明確にする
- めあて、話し合うことの決定
- 役割分担
- 決まっていることの確認

⑤ 問題の意識化
- 学級会コーナーに議題や理由を掲示
- 学級会ノートに記入
- 学級会の進め方の確認とリハーサル（計画委員）

議題ポストに提案されない場合は、学級活動の時間を使って、考えられる議題案を全員で出し合う方法もあります。これまでの経験から、今のクラスでやりたいこと、作りたいこと、困っていることを出し合います。その後、話し合う優先順位を考えさせ、担当の計画委員も決めておけば、事前に計画を練ることができ、見通しを持って取り組むことができます。

選定の際は、「全員で話し合うべき議題かどうか」「自分たちで解決できる問題かどうか」などの視点で整理しましょう。

提案者と一緒に、提案理由とめあてを整理します。
① 現状の問題点（今、こんな状況）
② 考えられる解決策（こうすれば）
③ 解決後のイメージ（こうなりたい、こうしたい）
達成のために、本時の学級会ではどんなことをがんばればよいか（めあて）も設定します。
提案理由とめあては、話し合い活動のよりどころとなるものですので、必ず担任も一緒に確認しましょう。

**話し合い活動**

⑥ 議題や話し合いの進め方の理解

⑦ 解決方法の話し合い

・出し合う
…提案理由や話し合いのめあてに沿って、自分の考えを自分の言葉で発表する。もしくは、事前に短冊に書いて貼っておく。
（次の「くらべ合う」で話し合いを深めるための工夫）

・くらべ合う
…質疑応答、共通点・相違点の確認、意見の分類・整理・合体などをしながら、より良い解決方法を探る。

・まとめる（決める）
…折り合いをつけながら**合意形成**を図り、全員の総意としてまとめる（決める）。

6年生という発達段階や、学級における人間関係などから、進んで発表をしないケースもあります。対応策の一つとして、事前に計画委員で目を通した全員の学級会ノートから、発表してほしい意見と名前を控えておき、「〇〇さん、素敵な意見が書いてあったので、ぜひ発表してください」と、意図的に指名するのもよいでしょう。

くらべ合う、まとめる際の手立てとして、出された意見の理由から、提案理由やめあてに基づいたキーワードを書いておきましょう。

**事後の活動**

⑧ 決めたことの実践
・「みんなで話し合って決めたことは、協力して準備し、必ず全員で実践する」ということを徹底する。

⑨ 振り返り
・提案理由に基づいて、協力して準備し、参加できたか（個人）
・友達の良かったところはどこか（学級全体）
・これからクラスの一員として自分にできそうなことは何か（所属感、有用感）

⑩ 次の課題解決へ

話し合って決まったことや役割分担、実践当日までの予定表などを、学級会コーナーに掲示して、常に確認できるようにしておきましょう。実践意欲を継続させることにもつながります。

全ての活動が終わったら、実践内容についての写真や学級活動の足跡を残し、達成感を高めるとともに、次の課題解決の意欲づけにしましょう。

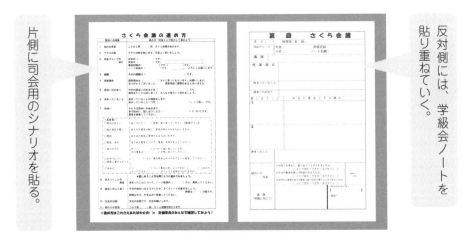

片側に司会用のシナリオを貼る。

反対側には、学級会ノートを貼り重ねていく。

資料1　学級会ファイル

資料2　活動計画（計画委員）

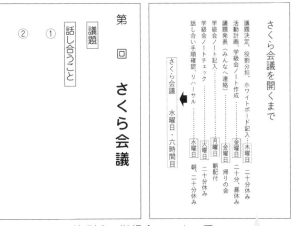

資料3　学級会コーナー用

一週間の流れを視覚化しておく。
次回の議題を掲示し、見通しを持たせる。

## 4. 学級会の留意点

　学級会は、子供たちの学級・学校生活をより良くしていきたいという願いを生かし、子供が自分たちで合意形成を行い、実践までの一連の活動を繰り返しながら深めることが大切です。自発的・自治的な活動を促すためには、年度当初の丁寧なオリエンテーションで、学級会の進め方や計画委員会の役割の確認をしましょう。また、担任は、基本的に子供たちの話し合い活動を見守る立場ではありますが、適切なタイミングで指導助言を行うことが重要になってきます。その時その場で、全員に向けて指導しましょう。

── 参考文献 ──

・文部科学省『小学校学習指導要領（平成29年告示）解説 特別活動編』（東洋館出版社）
・文部科学省 国立教育政策研究所教育課程研究センター『みんなで, よりよい学級・学校生活をつくる特別活動（小学校編）（特別活動指導資料）』（文溪堂）

# 8 給食指導
## ―美味しく、楽しく、きれいに、徹底―

## 1. 6年生の給食指導について

　美味しく、楽しく、きれいに、徹底。これは、担任として意識しておきたい給食指導のキーワードです。6年生になると好き嫌いも減少し、自分の一食分の量も理解できるようになります。また、家庭科での調理実習等を経て、栄養バランスに留意しながら「食」を考えることもできるようになります。栄養バランスに加え、マナーや社会性など高学年ならではの要素も含みながら、給食指導の方法を見ていきます。

## 2. 給食コーナーを充実させよう

※給食コーナーの例

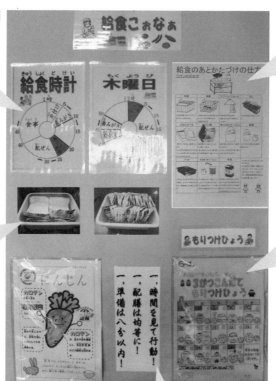

給食の片付けの詳細です。学校によって若干違いがあります。

給食時計には、準備や食事、片付けの時間が書いてあります。

牛乳パックの片付け方の例です。良い例を掲示することで、毎回同じように片付ける意識が身に付きます。

盛り付け表です。お皿やお椀に何を盛るのか、いくつ盛るのか等を確認します。

学校から配付されている掲示物を掲示します。

給食の目標を掲示します。当番は必ず確認します。

# 3. 準備・配膳のポイント

準備・配膳で注意すべき点は、以下の通りです。

①時間を意識させること。給食コーナーに時間の目安が貼ってあると、意識することができます。

②「当番」「配膳」「待機」と3チームに分け、全員おしゃべりせずに行うよう指導します（落下等のミスを防ぐため）。

> 【指導】当番もしゃべらずに行います。全員で協力して行いましょう。また、読書など手を使うことはしません。手を洗った意味がなくなります。

③準備が手早く終わると、食べる時間が確保できます。そのため、焦って食べなくなり、ゆとりが生まれます。

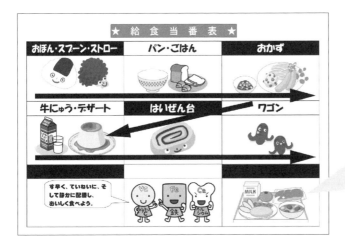

当番は、1週間で交代します。当番の中で輪番となるよう、ネームプレート（PCで作成、ラミネート加工）を使用し、一つずつ隣に移動していきます（おかずはプレートが二つになったりします）。

ここには、マグネットを置き、下のグループが当番であることを示します。

例えばAグループが当番の場合、次に当番となるBグループの「ドラえもん」が「のびた」の配食を行います。「ジャイアン」「スネ夫」を待機とするか、配食とするかは人数にもよります。前回当番だったDグループを待機としてもよいでしょう。

### 給食当番グループ表

| Aグループ | Bグループ | Cグループ | Dグループ |
|---|---|---|---|
| のびた | ドラえもん | ジャイアン | スネ夫 |
|  |  |  |  |
|  |  |  |  |
|  |  |  |  |
|  |  |  |  |
|  |  |  |  |
|  |  |  |  |
|  |  |  |  |
|  |  |  |  |
|  |  |  |  |

## 4. 給食中のポイント

### (1) 食べる量の調整

①最初に量が多かったり、苦手なものだったり、どうしても減らしたい人を呼びます。

　→ここでは担任が減らします。0にはしません。どうしても食べられなくても一口は必ず食べさせます。

②次に自分の食べられる量を考え、増やしたい人を呼びます。

　→ここでも担任が増やします。どのくらい食べられるか聞きながら盛ります（「多め」「中くらい」「少なめ」など）。あまり一人に盛りすぎると残る原因になります。おかわりできることも伝えます。この時点で、全て食缶の中が空になるよう、配りきれるとよいでしょう。

③もし、最初の配膳で多めに余ってしまった場合、全員並ばせます。

　→2、3人で減らすより30数人で減らした方が一人当たり大分減ります。

### (2) 食事中の指導

　食事中の指導として心掛けたいのは、以下のようなポイントです。

①もぐもぐタイム（最初に10分はしゃべらずに食べる時間）を意識させます。何のためか、理由を考えさせます。

　→目的は、それぞれの食材の良さを感じ取る、美味しくいただく、時間に間に合わせる。

②食べていく過程で、食べきれないと判断した場合。

　→途中でも手を付けていなければ、減らすことを許可します。

　→基本的に後から増やしたものは減らしません（体調不良を除き）。それを意識しながら、最初に増やしたり、おかわりさせたりします。

③ご飯粒一粒も残さないよう指導する。お皿やお椀に何も残っていないよう、きれいに食べさせます（野菜炒めの汁等、余っていい物は除く）。

④おぼんに落ちてしまったご飯粒や牛乳は拭き取らせます（おぼんを立てかける場合、おぼんに牛乳が滴り落ちるため）。

⑤もぐもぐタイム以外は、おしゃべりを許可しますが、後ろを向いての会話、違う班との会話は認めず、同じ班だけとします（変な姿勢になったり、うるさくなったりするのを防ぐため）。

　生活班に「盛り上げ」という役割をつくってもよいでしょう。給食時間中は、その子が話

を盛り上げます。たまに担任からお題を投げ掛けてもよいでしょう。

⑥「ご飯は左」「味噌汁は右」など、毎回置き場所を指導します。味噌汁がない場合でも、置く位置は同じです。段々と頻度を下げ、子供たちが自分で配置を意識できるようにしていきます。

# 5. 片付けのポイント

片付けにおける留意点は、以下の通りです。

①片付けは、班ごとに行います。そうすることで、時間通りに片付ける意識が芽生えます。また、残りかすなども減ります。

②自分の食器の上に何も残っていないことが条件です。生活班の給食リーダーが全員分確認し、担任を呼びます。その後、担任が残っていないこと（牛乳を開くのも全て）を確認したらまとめさせ、片付けさせます。

③お皿やお椀を整えてきれいに積んでいるか、間にストロー等がないか、スプーンの向きはそろっているかなどを確認します。当たり前のことが当たり前にできるよう指導しましょう。

④給食当番は、ワゴンの汚れも拭き取ります（教室のティッシュ等で）。

⑤ワゴンは最終的に担任が見て、戻して大丈夫か確認をします。高学年でも「任せっぱなし」が一番成長しません。

なお、感染症が流行している時期においては、グループでの会食が禁止される学校も多いと思います。食事は基本的に前を向かせて、一切しゃべらないように指導を徹底することでしょう。不幸にも学級に感染者が出た場合、給食中の指導がどのように行われていたのかが重要になってくることもあります。区市町村や学校の方針等に沿って、指導を徹底しましょう。

# 9 清掃指導
## ―教師の準備が成功のカギ―

## 1. 清掃指導の考え方

　清掃指導は、「きれいにすればいい」という指導だけでよいのでしょうか。それだけでなく、各々が自分の役割に責任を持ち、きれいになったときに「一生懸命仕事をしてよかった」という満足感を味わわせることが大事です。そのためには、一人一人が行う掃除の内容が明確である必要があります。まずは、自分の持ち場を確実にきれいにし、それ以外の場所も進んできれいにするような子供を育成していきたいものです。担任には、掃除の場所や作業をクラスの全ての子供が分かるように準備する必要があります。

　いくつかの学校では、「無言清掃」が行われています。無駄なおしゃべりをせずに、黙々と掃除に取り組むという清掃方法です。もちろん、掃除に関係のある会話（机を運ぶときの掛け声やお願いするための会話など）であれば認めます。作業は非常にはかどります。

　掃除は教師も子供と一緒に行うとよいでしょう。丸付けや事務仕事をしたくなりますが、共に作業をすることで子供たち一人一人の良いところを見つけることができます。一生懸命取り組んでいた子供や、自分から仕事を見つけようとしている子供などがいたら、補助簿に記載しておくと、通知表を書くときの材料になります。

## 2. 役割分担

　役割分担の方法を二つ紹介します。どちらの方法を選んだとしても、年度当初、清掃指導が始まる前までに準備を終えておく必要があります。途中での変更は、混乱を招くので、お勧めしません。

## （1）班ごとに掃除場所を決めるシステム

　右のような掃除当番表を作り、1班は廊下、2班はトイレ、3班は昇降口、4班は理科室、5班は教室ほうき、6班は教室雑巾といった具合に、生活班ごとに掃除場所を決める最もオーソドックスな方法です。1週間が経ったら時計回りにずらします。掃除場所が1週間で変わるため、子供は早い時期にクラスの掃除の担当場所全てを体験することができます。この方法では、生活班を1チームとして、班の掃除担当の子供を中心にごみが落ちておらず、きれいになるまで協力して掃除をします。終わり次第、掃除担当の子供が担任を呼びに行き、担任の合格をもらえれば掃除が終わりになります。もし、ごみが落ちていたり、掃除が不十

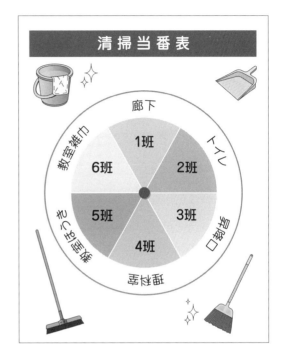

分だったりしたら、そこから再度掃除を始め、担任に合格をもらうまで掃除は終わりません。そうすることで、「ただ掃除の時間を過ごしていればいい」という考え方では、掃除が終わらないため、早く終われせるためにも一生懸命取り組むという考え方に変わっていってくれます。

## （2）一人一人の掃除場所を決めるシステム

　一人一人の掃除場所を決める方法です。一人一人の仕事が明確化され、誰がどこで何の掃除をしているのかが一目で分かるので、評価をする際や、急に誰かを呼びに行かなければならないときなどに便利です。1週間で仕事が変わりますが、少しずつずれていくため、クラス全体として掃除のやり方の定着が早くなります。分からないことがあれば、前回その場所の掃除を経験している友達に聞けばいいのです。この方法でも、1年間で全ての掃除場所を体験することができます。

# 3. 掃除が楽しくなる方法

　家庭科の学習で、掃除の仕方について学ぶ機会があります。そこで、オリジナル掃除道具を作り、クラスで普及させます。例えば、割りばしの先に雑巾の端切れを輪ゴムで巻いた棒のようなものを作り、細かい隙間まで掃除するのです。

掃除当番表（一人一人の掃除場所を決めるシステム）

| | 1 | 2 | 3 | 4 | 5 | 6 | 7 | 8 | 9 | 10 | 11 | 12 | 13 | 14 | 15 | 16 |
|---|---|---|---|---|---|---|---|---|---|---|---|---|---|---|---|---|
| 場所 | 教室 | | | | | | | | 廊下 | | 下駄箱 | | 階段 | | | |
| 男子仕事 | ほうき・机運び | 雑巾・机運び | 雑巾・机運び | 雑巾・机運び | 机ふき・棚ふき | 黒板 | 教室窓ふき | 廊下窓ふき | 廊下ほうき | 雑巾 | ほうき | 雑巾 | 1〜2階ほうき | 1〜2階雑巾 | 1〜2階雑巾 | 2階流し |
| 氏名 | ○○○○ | ○○○○ | ○○○○ | ○○○○ | ○○○○ | ○○○○ | ○○○○ | ○○○○ | ○○○○ | ○○○○ | ○○○○ | ○○○○ | ○○○○ | ○○○○ | ○○○○ | ○○○○ |

また、割り振られた担当以外で、自分たちで気付いて掃除をした場所をホワイトボード等に書いていきます。例えば、ドアレールを自ら掃除をしていた子供がいたら、ホワイトボードに「ドアレール」と書き、これを掃除貯金「1」としてカウントします。翌日、前の扉の上のところを水拭きした子がいたら、ホワイトボードに「扉の上（前）」と書き、掃除貯金が「2」になります。クラ

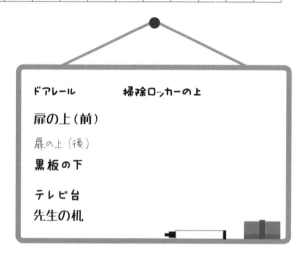

スの人数分が溜まったら、クラス全員で使える時間を45分あげると約束します。これが定着してくると、自分から掃除できる場所を探し、きれいにする集団になっていきます。子供同士で、掃除場所を見つけるのが上手な子供を褒め合い、認め合うこともできるようになってきます。

## 4. 大掃除は計画的に

各学校で、学期末には大掃除が行われます。そこで大活躍するのが、次ページの大掃除計画表（右）です。普段はやらないところもリストアップし、日程を決めることで漏れなくきれいにすることができます。

学校の清掃担当の教員が作成する大掃除計画表のようなものを、子供用に少しだけアレンジした上で、子供たちに示します。

　また、大掃除の時間が45分取れれば、普段はできない細かい場所まで清掃することができます。学年で時間をそろえるなどして行うとよいでしょう。

　1学期は、担任が計画を立てますが、2学期からは子供と一緒に考えてみるのも手です。担任の思いつかなかったところにも気付いてくれたりして、クラスオリジナルの大掃除計画表が出来上がります。6年生ですので、大掃除プロジェクトチームを作り、表の作成もお願いすると、担当者名を入れたり持ってくる掃除道具を入れたりと、意欲的に取り組んでくれます。また、自分たちで作った計画であれば、子供も自然と集中して掃除に取り組みます。

### 冬休み前クリーン大作戦！

●担当の場所をよく確認し、きれいにしましょう。

| 項目 | 内容 | 日付 |
|---|---|---|
| 机・いす・ロッカー | いす・机の脚（あし）についたゴミをとる。<br>机の中・ロッカーのなかをきれいにふく。 | 12/19 |
| ゆか | すみずみまできれいにする。<br>汚れは固くしぼったぞうきんで、こすって落とす。<br>入口の溝をきれいに水ぶきする。 | 12/16〜20 |
| ろうか | フックの下、教室下の通気用窓やドアのレールの上もよく掃き出す。<br>フックの下・通気用窓のレールを水ぶき。<br>窓のさんを水ぶき。（窓ガラスはふかない） | 12/17 |
| 黒板（前・後） | クリーナーできれいになった黒板消しで、縦方向（上下）にふく。<br>黒板のさん、チョークの引き出し、黒板の上のほこりなどもきれいにする。 | 12/16〜20 |
| クリーナー | 中を開けて、布の袋とスポンジの袋を水洗いし、チョークの粉をとる。<br>完全に乾いたら再びセットする。（外には干さない） | 12/20 |
| 棚 | 物をどけて、すみずみまで水ぶき。<br>エアコンのパイプの上のほこりをとる。<br>画びょうの針が残っているときは、ペンチなどでつまんで取る。 | 12/20 |
| 窓 | さんを水ぶき。（窓ガラスはふかない。） | 12/20 |
| 流し | 流しの掃除の仕方をよく見て行う。<br>排水溝のゴミを取り、たわし（スポンジ）でこする。<br>鏡をきれいにする。 | 12/16〜20 |
| くつ箱 | くつ箱の中を小さなほうきで砂はき、水ぶき。<br>くつ箱の上も水ぶき。マットも水拭き。※マットは絶対にめくらない。 | 12/20 |
| 傘立て | 傘立ての砂やほこりをとり、きれいにする。傘は持ち帰る。 | 12/20 |

# 4月中旬〜1学期末の
# 学級経営

1学期は、授業参観や保護者懇談会などを通じて、保護者と信頼関係を築くことも大切です。このPARTでは、家庭との連携を中心に4月中旬〜1学期末の学級経営について解説していきます。

# 1 授業参観
## ―保護者の思いに焦点を当てて―

## 1. 「授業参観」は誰のためのもの?

　「授業は誰のために行うものでしょうか?」と問われたら、誰もが「子供のため」と答えるでしょう。それは、研究授業であっても、毎日の授業であっても、そして、授業参観であっても変わりません。

　では、「2番目は?」と問われたらどうでしょうか。研究授業や毎日の授業の場合は、「授業者」や「参観する教師」でしょう。そのため、授業の狙いが何なのか、それに迫る手立てが効果的であったかなどのことが重要になります。

　では、授業参観の場合は、どうでしょうか。それは、「保護者」です。授業参

観は、保護者に対して担任の教育観や指導方針を具体的に示す絶好の機会でもあります。「見せる相手が違うこと」に留意して授業を考えていきましょう。

## 2. 「6年生」の授業参観

　では、保護者は授業参観に何を見に来るのでしょうか。一番は「我が子」です。しかし、特に6年生の保護者の場合は、我が子だけを見に来ているわけではありません。担任がどのような教師なのか、クラスはどのような雰囲気なのか、他学年の保護者以上によく見ています。なぜなら、6年生は小学校最後の「特別な1年」だからです。担任は安心して我が子を任せられる人なのか、このクラスで我が子は楽しく過ごせるのか、保護者も特に気にしています。いじめや登校しぶり、学級崩壊などを経験している場合は、なおさらでしょう。また、中学受験を控えている場合は、授業の中身についても厳しい目で見ています。

　保護者にとって「6年生」は他学年と比べても特別なものであり、担任にはそれまで以上に授業や学級経営の「安心感」が求められます。

## 3. 「安心感」を生む授業づくりのチェックポイント

　保護者に「安心感」を持ってもらうためにすべきことはただ一つ、「授業を成り立たせること」です。「当たり前」と思った人は、一度立ち止まって考えてみてください。そもそも、授業が成り立たない状況はなぜ起こるのでしょうか。

　考えられる要因としては、①教師の授業が良くない、②子供が授業に向かっていない、③子供たちが授業に集中しづらい環境にある、の大きく3点が挙げられます。例えば、教師が子供たちに合わない授業をしていたり、我が子が授業に集中していなかったりしたら、保護者は不安になります。また、どんなに良い授業でも、教室が雑然としていたら心配です。

　逆にこの3点をクリアできれば、保護者も安心する授業を行うことができます。先輩の教師に参観してもらったり、下のチェック項目を活用したりしながら、自分の授業が「本当に」成り立っているか、振り返ってみましょう。

> ＜保護者の思い＞
>
> ①教師は子供たちに合わせて授業をしてくれているか。
> ②我が子（クラスの子供たち）は授業に向かっているか。
> ③教室はきれいか。

> 【授業に関するチェックポイント】
>
> □教師は笑顔で授業をしているか　□教師は子供たちを見て授業しているか
> □教師の声は聞こえやすいか　□教師なりの「工夫」が授業の中にあるか
> □黒板の字は見やすいか　□子供たちが「考える」活動はあるか
> □教師は授業が分かっていない子や質問をした子に誠実に対応しているか
>
> 【子供たちに関するチェックポイント】
>
> □あいさつにけじめはあるか　□机の上に余計な物がないか
> □ノートを取っているか　□話を聞くときに話している人を見ているか
> □教師の発問や指示に反応しているか　□上履きをきちんと履いているか
>
> 【教室環境に関するチェックポイント】
>
> □教卓や教師用机の上はきれいか　□黒板に余計な物が貼られていないか
> □ごみや子供たちの持ち物が落ちていないか　□枯れた花が置かれてないか
> □ロッカーの上や棚の中、掲示物は整然としているか

## 4. 「名札カード」で全員参加の授業

【教科】道徳　　【教材】「手品師」　　【内容項目】A正直、誠実

あらすじ：腕は良いがあまり売れない手品師は、町で手品を見せてあげた少年との約束を守るか、大劇場のステージに出る誘いを受けて自分の夢をかなえるかで悩みます。

#### ～課題設定、範読、主人公の状況や心情の整理を行った後から～

T：では、どちらの選択が「誠実に生きること」だと思いますか？立場が決まった人は黒板に名札カードを貼り、ノートに自分の考えを書きましょう。
　　（大半が名札カードを貼り終えたら机間指導をし、子供たちの考えの詳細をチェックしながら、指名計画を練ります。）

T：皆さんはどうしてこの立場を選びましたか？Aさんはどうですか？
A：私は約束を守る方だと思いました。なぜなら、劇場に行ってしまうと少年に嘘をついたことになるからです。
T：確かにそうですね。約束を守る方を選んだ他の人たちはどうですか？
　　（意見が変わった場合は、カードを動かしに来てよいことを伝えます。）

T：劇場に行くのを選んだ人たちは、どうしてですか？Bさんはどうですか？
B：私は、約束を破るのは良くないけど、手品師の夢がかなうかもしれないチャンスなわけで、劇場に行く方が自分に対しては誠実だと思います。
T：なるほど～。皆さんはBさんの考えについてどう思いますか？
　　（Bと同じ立場の子を先に指名し、徐々に反対の立場の子にも振ります。）

T：Cさんは真ん中あたりに貼っているけどそれはどうしてですか？
C：Aさんが言うように嘘をつくのは誠実じゃないし、Bさんみたいに夢をあきらめるのもどうかなって思って、迷っています。
T：そうなんだね。手品師もそのくらい迷ったのかもしれませんね。
　　（子供たちのさまざまな反応を楽しみつつ、授業の終末へ）

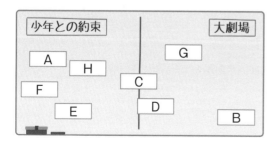

左の図は、名札カードを用いた板書のイメージです。小黒板を別に持ってきて活用してもよいでしょう。

——— 参考文献 ———
・『小学道徳6　はばたこう明日へ』（教育出版）

# 5. 子供たちの実生活と関連させた授業

**【教科】家庭科　　【単元】わたしの生活時間**

前時は自分の1日の生活時間について改善点を考え、見直した生活時間を右のような図に再整理する活動を行った。

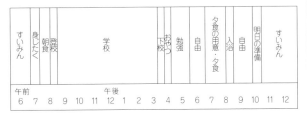

T：自分の1日の生活時間について見直した図を見てください。その中で、家族と過ごしている時間に印を付けてください。
（「あまり印がつかないな」「よく見たら夕食のときだけだ」など）

T：家庭でより良く過ごすためには、家族との時間も大切にしていく必要がありますよね。今日は、「家族」という視点で、生活時間をさらに見直していきましょう。

> **課題：家族と過ごす時間をつくるための工夫を考えよう。**

T：1日の中で家族とは一緒にいられないのはどんな時間ですか？
（「学校にいる時間」「習い事の時間」「友達と遊んでいる時間」など）

T：それらの時間は、自分では変えられませんね。では、その他の時間で家族と過ごす時間をつくるための工夫はできますか？考えてみましょう。
（「自由な時間に自分の部屋に行かなければ、家族と過ごせそう」「朝の時間にもっとゆとりを持てば、家族ともっと話せそう」など）

T：中には、家族と生活時間がなかなか合わせられないという人もいるかもしれませんね。そういう場合、どうすれば家族と触れ合えるでしょうか。
（「一緒にいられないからな…」など）

T：教科書には、「伝言メモ」や「連絡メール」の工夫が載っていますね。皆さんも活用できないでしょうか。
（「学校の手紙を置いておくときに、一言メモを書いてみようかな」など）

T：1日の時間は限られていますし、変えられない時間もあります。でも、家族と一緒に過ごすようにしたり、一緒にいられなくてもコミュニケーションを取ったりする工夫をすれば、家庭の時間をより充実させられそうですね。

―― 参考文献 ――

・『わたしたちの家庭科5・6』（開隆堂出版）
・『家庭科ノート6年』（光文書院）

# 2 保護者懇談会（4月）
## ─保護者の心をつかもう！─

## 1. 懇談会とは

　懇談会は、年度初めや年度終わり、そして学期の前後に行われることが多い、担任と保護者との交流の場です。「交流」と言うと響きは楽しそうですが、担任にとっては最も緊張するイベントの一つでもあります。

　また、イメージ的には、担任が一方的に話をするものと考えている人もいます。もちろん、連絡やお願いも大事ですが、できれば保護者同士が情報交換をしたり、担任とのコミュニケーションを取ったりする場にしたいものです。

　6年生になれば、保護者も子供と同じように、顔や名前を知っている人が多くなります。それでも、やはり初めて顔を合わせる保護者もいます。何より、担任がどのような人なのか興味津々です。特に6年生は、小学校生活最後という特別な1年を迎えるわけですから、担任への期待も大きなものがあるでしょう。

　では、最初の懇談会で何をすればよいのでしょうか。考え方は子供に対する学級開きと同じで、大切なことは次の三つです。

---

①**担任の人となりを伝える。**

　→話せる範囲で構わないので、自分のことを話しましょう。本音で話すことで、保護者との距離がぐっと縮まります。

②**このクラスをどうしていきたいか、最高学年としてどうあってほしいか、担任としてのビジョンを伝える。**

　→子供に話したことと同じで構いません。ここでも、目指す児童像を真剣に伝えることで、保護者からの信頼が得られます。

③**クラスの基本ルールを伝え、協力を仰ぐ。**

　→学級経営上必要なルールや決まりを伝え、家庭でどんなことをしてほしいかを具体的に話し、協力をお願いします。

---

　小学校生活最後の大切な一年。一緒に大事な子供たちを育てていく姿勢を真摯に伝え、保護者からの信頼を得るきっかけとなるような懇談会にしましょう。

## 2. 懇談会の留意点

　前述したように、懇談会はとても緊張する場です。ましてや4月、最初の懇談会ともなればその緊張は計り知れません。とはいえ、保護者も同じように緊張して迎えていることを忘れてはいけません。そのため、「話しやすい担任だな」「相談しやすそうな雰囲気だな」など保護者の安心感につながるような場にすることが大切です。「若い担任だから」「ベテランだから」など年齢・キャリアにとらわれることなく、「保護者と一緒に子供たちを育てていきたい」という熱い思いを伝えましょう。そして、日頃接する機会が少ない保護者との貴重な機会を魅力ある場にするために、できる限りの準備をして臨みましょう。

## 3. 懇談会の流れと工夫

　4月当初の懇談会では、PTA等の決め事があったり、学校・学年からの必要な連絡があったりと、思うように時間が取れません。そうした短い時間の中であっても最初の印象は大事なので、最大限の工夫をして臨みましょう。

---

（1）校長あいさつ
（2）専科・教科担任等紹介
（3）担任あいさつ
（4）学校教育目標、学年目標について
（5）目指す学級像、児童像
（6）6年生の特徴（発達段階の心と体について）
（7）6年生の学習
（8）年間行事予定について

ここがチャンス！
他クラスにはない、自分のアイデアや工夫を、全力で発揮しましょう。

---

　上記は、4月の保護者懇談会の一般的な流れです。学校・学年として共通していることや、必須項目は変えられませんので、そこは漏らさないよう気を付けます。また、時間配分は大事なポイントの一つです。楽しく和気あいあいとした会にするためには、必要なことは端的に話します。恐らく、資料やレジュメ等を用意すると思いますので、書いてあることや読めば分かることは省略しましょう。不明な点があれば、後ほど質問ができる旨を伝えておけば保護者も安心します。

## 環境（場）の工夫

**〜温かみのある教室〜**
- 季節の花を飾る。
- BGMをかける。（開始前）
- 机の配置を工夫。
  - →4〜6人ずつの小グループで机を並べておくと、話しやすくなる。

**〜子供の様子〜**
- 6年生のめあてや自己紹介カードなどの掲示。
- 懇談会までの学校生活の様子（写真や動画）。

**〜心をほっこり〜**
- 名簿や資料を置く場所に感謝の言葉を一言。
  - →「お忙しい中、ご参会ありがとうございます」など。
- 席札の準備
  - →子供たちに作らせておくとよい。懇談会の度に、席札のどこかに一言メッセージを添えるようにしておくと、保護者も思わず笑顔に。不参加の場合には、個人面談や家庭訪問のときに見せたり、年度末に持ち帰らせたりして、必ず保護者のもとに返すようにする。

## 運営（流れ）の工夫

　最初の担任あいさつは名前程度にして、簡単に体を動かしたり、全員で楽しめる簡単なゲームをしたりして、緊張をほぐしましょう。

**【アイスブレーキング（例）】**

**①バースデーライン**

　ジェスチャーのみで、1月1日から12月31日までの誕生日順に一つの輪を作るゲームです。出来上がるまでのタイム計測をし、子供たちの記録と競うと盛り上がります。また、懇談会の度に行い、記録の伸びを見ていくのも楽しいでしょう。また、〇月生まれから〇月生まれまで、というようにグループも作りやすくなります。

**②後出しじゃんけん**

　勝ち、負け、あいこの確認をし、出す人のワンテンポ後に出す簡単なじゃんけんです。だんだん掛け声を早くしたり、出す人を輪番にしたりして工夫します。最後の1回で止めて、同じものを出している人同士でグループを作り、自己紹介へという流れもスムーズでお勧めです。

**③肩たたき**

　「うさぎとかめ」の音楽に合わせ、8回、4回、2回、1回のリズムで自分の肩をたたいたり、隣の人の肩をたたき合ったりします。ちょっとしたスキンシップやリズムからずれるユニークさがあって、場が和みます。

※アイスブレイクの後は、簡単な振り返りを忘れずに行いましょう。

# 4. 講話例を交えた大まかな流れ

　「はじめまして。この度ご縁がありまして〇組の担任をします、〇〇〇〇と申します。よろしくお願いいたします。…という堅苦しいあいさつは緊張しますので、簡単なゲームでもしませんか？少し体を動かして緊張をほぐしましょう！」
といった感じで、すぐアイスブレーキングに入れます。最後に「いかがでしたか？」と、簡単に振り返りをします。

　「このゲーム、子供たちともやりまして。ちなみに子供たちは〇秒だったので、次回は子供たちの記録を塗り替えましょう。それでは、〇〇の方同士で、近くの席にお座りいただいて、自己紹介をしてください。」

　何回かメンバーチェンジをしてもいいですし、ここで全員と話せなくても回を重ねて互いを知っていく形でも構いません。一通り終わったら、資料に沿って必要最低限のことを話し、終了後にはフリータイムをつくって、担任に話し掛けやすい雰囲気にしておきましょう。

---

## 6年生の心と体について

　6年生は、小学校の最高学年で児童期の後期にあたり、大人への基礎づくりをする時期です。心身ともに男女の差が目立ち始め、思春期に入ります。また、自立心が芽生え、論理的な考え方に高まりが見られるようになりますが、反面、反発したり素直に行動できなかったり、反抗的な態度が目につくようになります。さらには、正義感が高まり、自分の価値観で行動するようになるのもこの時期です。

### 【心の変化】
①自分の考えで行動したいという気持ちが強くなります。
　　・知的好奇心、探究心、正義感の向上
　　・論理的思考の高まり
②自己の内面に目を向けるようになります。
　　・友達や周囲の評価を気にする。
　　・自分を良く見せようとする。
③周り（全体）を見る力が高まります。
　　・互いに協力しようとする気持ちの向上
　　・視野の広がり（世界、社会）と自立心の高まり
④異性に対して、興味・関心が強くなります。
　　・目に見える変化（体の様子など）に敏感
⑤周りの大人の言うことを聞かなくなってきます。

### 【身体の変化】
　第二次性徴が始まります。男女の体つきの違いがはっきり現れてくるので、自分の体の変化について不安や悩みを持つ子供が増えてきます。この時期は、女子の発達の方が早い傾向にあります。大きな変化の起こる大事な時期であるということ、成長には個人差があることをきちんと伝え、安心させてあげてください。また、経験者として、これから起こるであろう身体の変化について、科学的に説明し、正しく理解できるようにしてあげるとよいでしょう。

---

　携帯電話やSNS、お金の扱いについても、しっかり触れておきましょう。

・家庭での約束事の徹底
・インターネットの危険性と安全な使い方について

　懇談会の最後には必ず、もう一度担任としての思い、一緒に協力願いたいことを伝えます。

①子供たちの自主性や人格を尊重し、丁寧に話を聞き、正しく判断・評価してください。
②子供たちの行動や様子をしっかり把握しておいてください。

　「目をかけ・手をかけ・声をかけ」6年生だから大丈夫、ではなく、必ず**目をかける**ことだけは忘れないでください。

# 3 保護者懇談会（6月）
## ―子供たちの「姿」を伝えるために―

## 1. 保護者は「何も知らない」ものと考える

　6月の保護者懇談会は6年生になって2回目の懇談会であり、1学期最後の懇談会でもあります。高学年にもなると、学校であった出来事について、家であまり話さなくなる子も多く、保護者からは学校の様子が見えづらくなっています。6月の保護者懇談会は、夏休み前に保護者に直接話ができる最後の機会でもありますので、担任として伝えたいことや学校からのお願いなどを短時間で効果的に伝えることが大切です。保護者の目線になって、入念に準備を進めましょう。

## 2. 「姿」を伝えるための一手間

　1学期の子供たちの様子について伝える際には、「写真」が効果的です。事前に授業や学校行事などの様子を撮りためておくとよいでしょう。動画編集ソフトを活用すれば音楽を挿入することもできますが、SDカードを大型テレビに挿し込むだけでも、リモコン操作で複数の写真を連続して映し出すことができます。その際、クラスの全員が写っていることを必ず確認しておきましょう。我が子が1枚も写っていなかった保護者は、良い気持ちはしません。

　夏休みの過ごし方については、実例をもとに話をすると効果的です。保護者にも危機感を持ってもらい、しっかりと指導していただくよう理解を求めます。教職経験の浅い人の場合は、効果的な実例がないかもしれませんが、そういう時こそ先輩の教師を頼りましょう。中には「本当に小学生の話？」と、耳を疑うような経験をしている教師もいるものです。

### コラム
### 機器の動作確認は入念に

　ある教師の話ですが、先輩教師から「写真を動画でまとめて流すと懇談会は楽」とアドバイスを受けて実践しました。ところが、動画の容量が大きく、当日は音声が途切れ途切れになる始末…。「しまった！」と思ったときにはすでに遅く、教室は微妙な空気が漂いました。ICT機器を活用する際には、事前に動作確認をきちんとしておくことが大切です。

# 3. 子供たちの「姿」を伝える懇談会のシナリオ

保護者懇談会で具体的にどのように話せばよいのか、「学級の様子」を伝える場面と、「夏休みの過ごし方」を伝える場面の講話例を紹介します。

---

**【学級の様子】**

1学期も残すところ約1カ月となりました。まずは1学期の子供たちの様子について、写真を動画にまとめましたのでご覧ください。

〈動画を視聴（5〜10分程度）〉

授業中は、どの子も落ち着いた態度で学習に集中できています。新しいことを知ったり、自分なりの考えをまとめたりする活動には、特に意欲的に取り組んでいます。また、休み時間には友達と笑い合ったり、放課後に遊ぶ約束をしたりするなど、クラスの人間関係にも慣れてきたようです。

委員会活動では、多くの子供が委員長などに立候補し、「自分たちがやるんだ」とやる気を見せていました。昨年度の6年生から学んだことを生かして、今の5年生をリードするなど、最高学年として頼もしい姿が見られます。

この「何事にも一生懸命取り組む」という子供たちの良さを生かしつつ、2学期以降は、考えたことを自分から周りの人に伝えたり、自分たちの活動を振り返ってより良い方法を考えたりしてほしいと考えています。学級や学校、さらには社会に自分たちが与える影響を考えながら行動する力を伸ばしていけるよう、指導して参りたいと考えています。今後とも、○○小学校の教育活動にご理解、ご協力のほど、よろしくお願いいたします。

**【夏休みの過ごし方】**

少し早いですが、夏休みの過ごし方についてお話をさせてください。先輩の先生から聞いた話ですが、ある年度の高学年の子供たちが、保護者の方々に内緒で、ゲームセンターに通っていたそうです。メダルゲームにはまっていたらしいのですが、ある子は遊ぶためのお金欲しさに家に置いてあるお金を少しずつ抜き取り、最終的にその額は十数万円に上ったそうです。しかも、そのお金をメダルに替えて、一緒に行った友達に配っていたとのことです。

私も聞いた時に「本当に小学生が？」と思いましたが、起こってからでは遅いものがあります。ぜひ、夏休みに入る前、休み中の過ごし方についてお子さんとよく話をしていただき、「手は放しても目は放さずに」ご指導いただきますよう、よろしくお願いいたします。

# 4 1学期終業式
## ―長い夏休みの前、何をする？―

## 1. 長い夏休みの前、1日をどう過ごすか

　1学期の終業式は、長い夏休みを迎える前の大切な1日です。2学期、全員が生き生きとした姿で登校して来るかは、この日の指導にかかっていると言っても過言ではありません。ぜひ、子供たちが充実した夏休みを過ごせるよう、最後の1日を大切にしてください。

## 2. 終業式の日の重要ポイント

### （1）通知表の準備について

　通知表は、今まで行ってきた評価やメモを使用し、多角的な視点で作成することとなります。そのため、普段から学級経営用ノートの個人ページに、記録を蓄積していくことが重要です。所見等は管理職に指導してもらうため、7月の初旬には完成させておく必要がありますが、蓄積したデータがあれば書くのは苦でありません。日頃より子供の努力している点、向上している点などに目を向け、記録しておきましょう。

### （2）通知表の渡し方

　通知表は最も重要な個人情報です。他者に漏れ伝わるわけには絶対にいけません。そのため、通知表を渡す際に以下の2点を必ず伝えます。

---

**①通知表の意義と役割**

「通知表は今自分が各教科や生活において、どれだけ目標に到達していて、また課題が何なのか、知るための手がかりになるものです。良かった部分はなぜ良かったのか、反対に悪かった部分はなぜ悪かったのかを考えます。そして、良かった部分はさらに伸ばし、課題はそれを克服できるよう、それぞれ考える機会としてください。もし、分からないことがあったら、遠慮なく聞いてください。」

**②通知表は個人情報**

「通知表は、大切な個人情報です。そのため、保護者の許可なく友達に見せることはできません。自分の成績がどうだとか、友達はどうだったのかなど、お話をするのはやめましょう。」

---

通知表は、できれば廊下等、周囲から見えない所で渡しましょう。個人情報への配慮です。

最初の2名を呼び、②の子供に教室内のドアの前で待つよう指示し、①の子供に渡します。①の子供は通知表を受け取ったら③の子供に声を掛け、③の子供は②の子供がいたところへ移動します。②の子供は、①の子供が教室に入ってきたことが分かるので、それを確認したら担任の所へ移動します。このようにローテーションを行うことで、円滑に渡すことができます。

渡す際は、必ず良かった点と課題について話します。課題がない場合も、「さらに向上させるために」という観点で話をし、次の学期に目標と希望が持てるようにします。

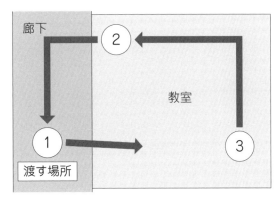

## （3）夏休み前の学級活動

通知表の受け渡しを待っている子供たちは、1学期の振り返りを行います。教科や生活、クラブ活動や委員会活動など、全ての活動について自己評価を行います。また、用紙の裏側に、担任への要望を書かせると、面白いことを書く子供がいます（右は一例です）。

そして、最後の学級活動では、1学期当初に担任が話した「目指す学級像」に近づいたかどうか話します。子供の努力が、素晴らしい学級を作る原動力となったはずです。また、最高学年として、多くの場面で活躍したはずです。そのことに労いの言葉を掛け、継続してきた努力を認め、次の学期につながるようにしましょう。

> 1学期ありがとうございました。授業のとき、分かりやすく、おもしろく教えてくださってありがとうございました。私は今まで歴史に興味がなかったけど、勉強していくうちに、歴史っておもしろいなと思いました。だから、これから社会について新しいことをたくさん知りたいので、よろしくお願いします。また、2・3学期もよろしくおねがいします。

## （4）安全指導

絶対に事故に遭わないように伝えます。また、2学期、○組○名の全員が、元気にこの場所に集まることを楽しみにしていると伝えましょう。

# 2〜3学期の
# 学級経営

　1学期はうまく行っていたのに、夏休みを挟んで
急に学級が乱れ始めた…なんてことも珍しくありま
せん。このPARTでは、そうならないための2〜3
学期の学級経営について解説していきます。

# 1 2学期始業式
## ―スタートダッシュを切るには、良い準備が不可欠―

## 1. 全員を見る!

　2学期の始業式は、一人一人の変化に気付くための大切な一日です。長い夏休みを家庭・地域で過ごしてきた子供たちの中には、大きく成長している子もいれば、疲れがたまっていて眠そうな子、不規則な生活であまり元気のない子などもいます。特に6年生は、休みの時の活動範囲が広がり、他のコミュニティ（少年団や所属しているクラブ）でリーダーを任されている子も少なくありません。一方で、スマートフォンやゲームなどに夢中になり、昼夜逆転に近い生活をしてしまっていた子もいるでしょう。そんな子供の変化に気付き、適切に声掛けを行っていくことで、2学期のスタートダッシュが切れます。

## 2. 登校までの準備

### （1）黒板

　子供たちが登校してくる前日、黒板にはメッセージを書きます。子供が登校してきたときに、それを読んでワクワクしたり、くすっと笑えたりするような内容がよいでしょう。もちろん、担任からのメッセージを入れることで、学校でのルールややらなければならないこと（例「教室に名札がある。→つけましょう」）をやんわりと伝え、行動を促す狙いもあります。ルールを思い出させたりするときに、言葉で伝えるだけでなく、遊び感覚でできると、6年生でも気持ち良く行動してくれます。

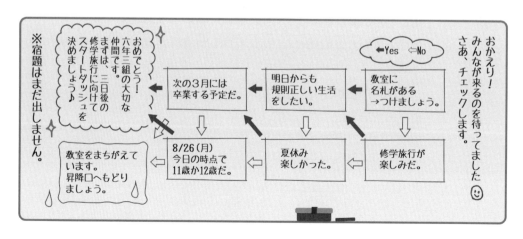

## （2）当日の流れ

当日の流れについて、一例を紹介します。まず、教室用の大型テレビに連絡帳を映し、授業以外の時間は表示するようにします。そこで、子供が登校してくる前に、大型テレビに連絡帳を表示します。こうすることで、先ほどのような黒板にすることができます。

さらに、教室の雰囲気を良くするために、BGMを流します。BGMはクラスのタブレット端末やパソコンを使用して、大型テレビから流すとよいでしょう。

これらの準備をしっかりとしておくことで、子供たちは久々の登校でもやることが明確に分かり、良い雰囲気の中で再スタートを切り、以前と同じような学校生活をすぐに取り戻してくれます。

### ● おすすめ音楽

教室に流すBGMとしては、YouTubeの活用をお勧めします。教室用のタブレット端末などで「作業用BGM」と検索すると、最適な音楽がヒットします。2時間ほど、広告なしで流れるので、朝の会まで操作しなくても大丈夫です。

## 3. 宿題の集め方

始業式後、担任がすぐに取り掛かるのが、宿題が提出されているかの確認作業や丸付けです。どのようにすれば効率的なのでしょうか。

勝負は、宿題を回収する前から始まっています。配膳台を教室の前に広げ、出席番号順に宿題を一つずつ持って来てもらいます。それと同時に、忘れた子供も番号順に並ばせ、「忘れた旨」と「いつまでに持ってくるのか」の2点を言わせます。その際に使用するのが、下の表です。エクセルで作成し、誰が何を提出したのかを、その場で全て確認します。1時間目の学活の時間を使っても15分程度で終わります。また、集めた宿題は必ず、その日のうちに丸付けやチェックを終わらせましょう。後回しにすればするほど、大変になります。

| 提出先 | 担任 | | | | 図工 | | | | 国語 | | | 家庭科 | その他 | |
|---|---|---|---|---|---|---|---|---|---|---|---|---|---|---|
| 名前 | ドリル | 歯磨きカレンダー | 自主学習ノート | 読書感想文 | 緑の絵 | 明るい選挙啓発 | ごはんとお米と私 | 交通安全ポスター | 歯のポスター | ごはんとお米と私 | 県民の日記念作文 | 木のある暮らし | 発明創意工夫展 | 自由研究 | 備考 |
| 相川　雄介 | | | | | | | | | | | | | | | |
| 井上　真紀 | | | | | | | | | | | | | | | |
| 加藤　優佳 | | | | | | | | | | | | | | | |
| 今野　康仁 | | | | | | | | | | | | | | | |
| 佐々木　慶 | | | | | | | | | | | | | | | |
| 清水　祐樹 | | | | | | | | | | | | | | | |
| | | | | | | | | | | | | | | | |
| | | | | | | | | | | | | | | | |

自由研究など　読書感想文　自主学習ノート　歯磨きカレンダー　夏休みのドリル

↑配膳台

 # 感染症予防
## ―感染拡大を防ぐ具体的な取り組み―

## 1. 6年生に対しての感染症予防

　6年生ともなると、これまでの経験や保健の学習を経て、感染症がどのようなものか、予防の方法などについて、ある程度理解が進んでいます。しかし、理解はしているものの、進んで実行しているかというと、そうではないことが多いのが現状です。そのため、教師による指導が必要となります。どのような指導が必要で、どのようなタイミングで行うと効果的なのかを解説していきます。

## 2. 感染症対策（インフルエンザ等）

　感染症の拡大を防ぐためには、以下の三つを徹底することが基本です。

### （1）手洗い・うがい

　子供が自分で手洗い・うがいをするタイミングとして、外で遊んで帰ってきたとき、トイレの後、給食の前などが挙げられます。それ以外に、冬季（風邪が流行し始める時期）には、業間休みと昼休みの後にも必ず行うよう指導します。そうすることで、外で遊ばない子供も必然的に手洗い・うがいの回数が増えます。意識づけもできるので、非常に有効です。

### （2）マスクの着用

　人がたくさん集まる場所（体育館での集会など）では、風邪をひいているか否かにかかわらず、マスクの着用を促します。特に6年生は、対外的な行事や最後の行事も多く、風邪をひくことで参加できないと悔いが残るからです。

### （3）空気の入れ替え

　多くの学級に「窓・電気当番」のような役割があるので、決められた時間に換気を行うよう促します。また、折を見て、換気をせず空気が滞留することによる弊害を伝えることも必要です。

万が一、学級の中で一人でも学校感染症に罹患した場合は、必ず養護教諭に報告してください。

【「うってかえす」の標語】

　インフルエンザ予防に効果的なキーワードです。ポスターにして張り出してもよいですし、学年の教員と一緒に全校朝会で発表するなどしてもよいでしょう。

　う …… うがい
　て …… 手洗い
　か …… 換気
　え …… 栄養
　す …… 睡眠

# 3. 感染症予防（新型コロナウイルス）

　最後に、2020年から猛威を振るう新型コロナウイルスへの対応ポイントをまとめておきます。今後、他の感染症が流行した場合などにも、参考になります。

(1) 朝の検温
　　非接触型体温計を使い、子供たち全員の体温、健康状態を調べます。

(2) すこやか体温記録カード
　　毎日の体温、健康状態を記録します。

(3) 密にならない机の配置
　　教室一杯を使い、全員の机をギリギリまで離します。

(4) チャイム時の手洗いソング
　　チャイムのシステムに「手洗いソング」のデータを入れることで、決められた時間に手洗いをする習慣が身に付きます。

(5) トイレ、流しの列
　　トイレや手洗いは、一人一人離れて並びます。下に目印になる線を描きます。

(6) 前向き給食
　　全員が同じ向きを向いて食べます。

(7) 清掃の工夫
　　各学級にワイパー型モップを配付し、直接床面に触れないようにします。

(8) 集会はリモートで
　　各種集会は、Zoomなどのテレビ会議システムを活用してリモートで行います。

# 3 2学期末〜3学期始めの配慮と工夫
## ―6年生が「卒業生」に変わるとき―

## 1. 冬休み前の指導のポイント

　長期休業に入る前の指導では、その時期の特徴に配慮する必要があり、冬休みについては以下の3点が欠かせません。

> ●ゲーム、スマホを使うときのルールの見直し
> ●お金の使い方
> ●悩みや困ったことがあったら大人を頼ること

　長い2学期を経た子供たちの生活リズムは、完全に「学校ありき」のものになっています。急に学校がなくなり、とりあえずゲームやスマホに手を伸ばしてしまう子も多いでしょうが、「無秩序」だと子供たちが健康を害してしまうことにもなりかねませんので、ルールを決めて生活するように促しましょう。

　お正月には「お年玉」をもらう子も多くいるでしょう。大きなトラブルを避けるためにも、「おごらない」「必要以上に持たない」ことを必ず指導しましょう。

　また、近年は悩みや困り事を打ち明けられずに苦しんでいる子供も少なくありません。「誰にでも悩みはあること」「周りの人を頼ってよいこと」を伝え、相談窓口などについての情報提供が不可欠です。

　上記のことを2学期末の保護者懇談会等でも周知し、家庭と連携しながら子供たちが自律した生活を行えるよう指導しましょう。

## 2. 卒業式をするだけが「卒業生」じゃない

　3学期の6年生と言えば、何といっても「卒業式」です。始業式は子供たちの気持ちを卒業式モードに切り替える大きなチャンスです。しかし、卒業式だけを行えばよいわけではありません。6年生は卒業生として、学校のため、在校生のため、お世話になった人たちのためにすべきことがあります。自分たちには何が

できるのか、何をすべきなのかを考えていくのが6年生の3学期なのだということを、始業式の日に必ず話しましょう。卒業まで「まだ3カ月ある」という子供たちの考え方が「あと3カ月しかない」に変われば、初日の指導は完璧です。子供たちが主体となって進める気運が高まれば、大人も驚くような行動力を見せてくれるかもしれません。

# 3. 3学期初日はゆとりを持って

　3学期初日は時間も短く、子供たちはもちろん教師たちも、冬休みモードから抜け切れていない状態です。やれることは限られているので、本当にすべきことを精選し、無理のないように進めましょう。

## （1）子供が登校する前に
　教室等の点検、提出物のシミュレーション、黒板の作成は最低限行っておきたいものです。下校時刻を必ず確認し、ゆとりのある計画を立てましょう。学級指導で話す内容も事前に整理しておくと余計な時間を使わず、予定外のことが起こっても余裕を持って対応できます。

## （2）提出物の処理
　提出物は、時間を取って名簿順に回収する方法がよいでしょう。夏休みほど提出物も多くないので、子供たちに順番に提出物一式を持ってきてもらい、担任は名簿にチェックをします。その際、記入漏れ等を一緒に確認し、不備がある場合はその場で返却します。名簿にもその場で不備の旨を記入しておけば、後の確認にも使えます。評価やコメントは、通常日課に戻る前に済ませましょう。学年の教師たちとも確認し、1月下旬に返却できればベストだと思います。

# 4. 3学期始業式の黒板

　①当日の予定 ②言葉 ③朝の指示事項の3部構成がお勧めです。子供たちの実態を踏まえながら、卒業生としての意欲を持てる言葉を考えましょう。

# 4 学年最後の学級活動
## ―節目をより感動的に―

## 1. 卒業式までのカウントダウン！

　節目としての卒業式。このビックイベントを生かさ
ないわけにはいきません。小学校に登校する最後の日
でもある卒業式を0日とし、学級の人数で1人1枚の
「カウントダウンカレンダー」を作っていきます。35
人の学級であれば、担任を入れて36日前からスター
トできるように、その5日前頃から動き出します。子
供には、右のようなA4のプリントを配付し、担当の
日をランダムに決めます（用紙に鉛筆で薄く記入して
おく）。子供は、カレンダーや掲示してある年間計画
を見て、自分が担当する日のイベントを確認します。
例えば「2月14日」だったら、「今日はバレンタイン

|  | 2月14日 |
|---|---|
| 卒業まで…… | |
| **26日** | |

メッセージ

今日はバレンタインデー
です♡
国語の授業もあるので、
自主学習などで普段は言
えない、気持ちを素直に
5・7・5で表してみて
はどうですか？

名前　　高橋　優佳

デーです。国語の授業もあるので、自主学習などで普段は言えない、気持ちを素直に5・7・
5で表してみてはどうですか？」など、ユーモアたっぷりな言葉を子供たちが考えてきてく
れます。

## 2. 思い出は動画で10倍に！

　担任であれば、体育などの評価のために動画を撮ったり、思い出を残すために行事の写真
や動画を撮ったりしていることがあると思います。しかし、それだけではなく、毎日の活動
をこまめに写真に残しておくことをお勧めし
ます。

　そして、最後の学級活動の時間がやって来
る1カ月ほど前から、動画の編集を始めます
（imovieやvideo pad等動画編集ソフトを
活用）。動画は撮った写真や動画をつなげて、
好きな音楽をつけます。その年に流行った曲
を流してもいいですし、クラスの曲を流して
もいいと思います。全員が映っているか、必

**注意！**

　子供の写真を撮る際には、教員個人
のスマートフォンは原則使用できませ
ん。学校にある教員用のカメラやタブ
レット端末を使用しましょう。申請す
れば個人のカメラを持ち込める場合も
あるので管理職に相談しましょう。い
ずれの場合にも、個人情報ですので、
取り扱いには十分注意が必要です。

ず確認しましょう。1年間の写真を4月から順番につなげていくと、成長が感じられ、時々笑いが起こることもあります。最後に、担任からのメッセージが流れるようにすると、普段伝えられないこともしっかりと伝えられ、言葉で話すより子供の心に届くのではないかと思います。

　完成した動画は、最後の学級活動の時間に担任からのプレゼントとして上映します。保護者には、最後の懇談会の時に見せられるとよいでしょう。感動して涙を流す保護者もいて、信頼が高まります。

# 3.　黒板が勝負！

　卒業式の日はあまり時間がなく、学級活動の時間が取れないことが多いので、子供たちに黒板を任せ、みんなへのメッセージをお互いに書かせてもよいでしょう。黒板に直接チョークで書いてもらってもいいですが、模造紙で黒板を覆い、ペンをたくさん用意してメッセージを残してもらうのもお勧めです。そうすることで、子供たちが下校した後に、黒板を消す悲しさや手間がなくなります。

　卒業式の前日については、教室に日々掲示してあるものを貼り、真ん中に担任からのメッセージを書きます。

　日頃から、「成長メモリー」と題してコラージュ写真を作って学級に掲示しておけば、それらを黒板に貼り付けることで、上記のような黒板ができます。左上がスタートで、時計回りにぐるりと貼り付けていくことで、子供たちの成長のプロセスが可視化されます。

　なお、上記の個人の名前のプレートは、一人一役当番で活用しているものです。新しく準備するのではなく、日々の教室掲示を活用すると、準備時間があまりかかりません。最後にはじゃんけん大会で思い出の写真を持ち帰ってもらえば、子供は思い出を持ち帰れるだけでなく、担任の配る手間もなくなり、一石二鳥です。

# 5 卒業式
## ─一人一人の「思い」を
##  大切にするために─

## 1. 卒業式は誰のもの?

　卒業式は、正式には「卒業証書授与式」と言います。「校長は、小学校の全過程を修了したと認めた者には、卒業証書を授与しなければならない」（学校教育法施行規則第58条）などの法的な規定もされている、学校行事の中でも最重要なものと言えます。

　しかし、子供たちや保護者にとっては、法律に規定されているから重要なわけではありません。子供たちにとっては、この日が人生の大切な1ページとして刻まれます。保護者にとっても、幼かった我が子が、心も体も大きくなり、少しずつ自分の手を離れていくうれしさや寂しさを実感する機会となるでしょう。指導や運営の中で、教師としての責任と、子供たちや保護者の人生の節目に携われる喜びを感じつつ、それ相応の覚悟と心構えを持って臨む必要があります。

## 2. 卒業式の指導はいつから?

　卒業式の指導は、3月に入ってからでは遅すぎます。なぜなら、子供たちは心も体も準備できないからです。では、いつから始めるかと言えば、4月からです。もちろん、4月から証書の受け取り方や呼び掛けを練習するわけではありません。指導するのは、「気を付け」「礼」「椅子の座り方」です。学級開きの際にそれらの指導を行い、折に触れて指導していきます。

　実際に行うと分かりますが、卒業式でそれらの姿勢をきれいに保ったり行ったりするには、かなりの根気と筋力が必要です。でも、

4月から1年間かけて指導していけば、子供たちは号令を掛けるだけで自然とできるようになります。形が整えば、子供の心も自然と整ってきます。

## 3. 当日までの準備と心構え

### （1）教師の服装

　礼服か袴か、事前に学校全体で打ち合わせておくとよいでしょう。意外と忘れやすいのが靴です。担任は卒業生と共に入場などを行いますから、運動靴というわけにはいきません。当日の朝にバタバタしないよう、計画的に準備しましょう。

### （2）教室を空っぽに

　6年生の場合は学校に残すものがないので、実は他の学年に比べて楽です。教室の隅から隅までしっかりとチェックしましょう。時間を取って子供たちと一緒に確認していくのがお勧めです。

### （3）とにかく堂々と

　当日は、とにかく堂々と振る舞いましょう。担任が堂々としていれば、子供たちも堂々と式に臨むことができます。特に、証書授与の際の呼名は、ちょっと大きいくらいの声量の方が、聞いている人たちの印象にも残りやすいものがあります。できるだけ同じ状況で、当日を迎えるまでに必ず練習しておきましょう。

### （4）別れの黒板は「語りすぎない」

　「別れの黒板」は、子供たちが教室に入って来てまず目にするものなので、特に力を入れて取り組みたいものです。しかし、黒板にびっしり書かれた長文は読むのに根気がいりますし、当日の朝、子供が一番したいことは「友達との最後のおしゃべり」です。そのため、黒板の言葉はなるべく短く凝縮しましょう。書ききれなかった思いは、式が終わった後にゆっくりと教室で語ればよいでしょう。

別れの黒板の一例

# いつでも使える！
# 学級経営の小ネタ＆小技

　学級というのは、担任のちょっとした工夫や働き掛けで、良い方向へ向くことがあります。この PART では、日々の学級経営で使える小ネタや小技の数々を紹介していきます。

# 子供の主体性を
# 伸ばす小ネタ＆小技
## ―意図的に手を差し伸べ、
## 　　　計画的に手を放す―

## 1. これからの指導・教育活動に求められること

　2020年度から小学校で全面実施となった新学習指導要領の目玉でもある「『主体的・対話的で深い学び』の実現に向けた授業改善の推進」によって、指導や教育活動の在り方も見直しが求められています。実際に、どのように見直していけばよいのでしょうか。

　小学校学習指導要領解説総則編には、今回の改訂の趣旨について次のように示されています。（総則編第3章「3 育成を目指す資質・能力」より一部引用）

> 　今回の改訂は、（中略）個々の教育活動が、児童一人一人に、社会の変化に受け身で対応するのではなく、主体的に向き合って関わり合い、自らの可能性を発揮し多様な他者と協働しながら、よりよい社会と幸福な人生を切り拓き、未来の創り手となるために必要な力を育むことに効果的につながっていくようにすることを目指している。

　分かりやすい言葉に置き換えれば、「子供が、友達と協力しながら、自分の力でより良い社会と幸せをつくっていくこと」と解釈できそうです。そして、子供の主体性を育むためには、「自分の力で」という部分がキーワードになると考えられます。

## 2. イメージは「自転車乗りの練習」

　自転車に1回で乗れるようになった人は、ほとんどいないと思います。最初は自転車の後ろを支えてもらいながらこぐ練習をして、少しずつ手を放してもらって…という感じでしょう。その営みは、子供たちに主体性を育んでいくプロセスと非常に似ています。ただ丸投げすれば、子供たちは転んでしまいますし、ずっと支えていても身に付

きません。

　その意味でも、子供たちに意図的に手を差し伸べ、計画的に手を放していかなければなりません。考えるときのポイントは、①何を目指して、②どこを支え、どこを手放すか、そして何より、③子供が自分の力で進もうとしているかです。

## 3. 主体性を育む指導の一工夫

### (1)「もしも〜」の問いでタイムスリップ！

　6年生の社会科で、明治維新の頃の日本の様子について学習をしたときのことです。日本の文明開化や富国強兵などの知識をさらに深めるために、小単元の最後に「もし、自分が江戸の町人だったら、江戸時代のままがよいか、明治時代に進みたいか」という問いを立て、授業を行いました。黒板に書かれた問いを見て、「え〜！」と驚いた様子でしたが、すぐに「まずは江戸時代の生活を思い出さないとな」と学習したことを振り返ったり、「町人ってところがポイントだよな〜」と考えるポイントを明確にしたりするなど、子供たちは主体的に学習を進め始めました。

### (2)「持ち物一覧」で、自分でチェック！

　右の写真は、授業の持ち物を紙に書いて黒板に貼っただけです。一覧がない場合は、担任が指示を出し、子供たちは言うことを聞いて動くでしょう。しかし、大人になったときに指示は誰が出してくれるでしょうか。一覧があれば、自分たちでそれを見ながら持ち物をそろえることができます。大人になったときに一覧はないかもしれませんが、子供たちに

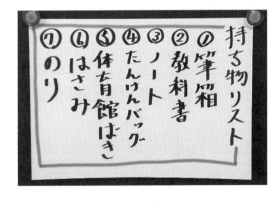

「何か手掛かりとなるものを見る」という習慣を身に付けさせることができます。

### (3)「あなたはどう思う？」で問題行動も主体的に解決

　「メタ認知」という言葉が、新学習指導要領の中でも用いられていますが、要するに「自分について考える」ということです。例えば、友達をたたいてしまった子供に対して「ダメでしょ！」と言うだけでは、子供は自分について考えるタイミングがありません。「友達をたたいてしまったことについて、あなたはどう思う？」と聞くことで、子供も自分自身について振り返り、考えることができます。子供が「自分のしてしまったことを何とかしたい」と主体的に考えるようになれば、自然と問題行動もなくなっていきます。

# 2 子供の協調性を伸ばす小ネタ＆小技
## ―同じ目標に向かって―

## 1. 最高学年としての協調性

### （1）学年において

協調性とは、同じ目標に向かってそれを遂行するために、協力する力だと考えられます。同じ目標を設定することで、そこに向かう原動力となり、徐々に助け合いの関係が生まれます。

そのための工夫として、学年全員が通る廊下に、さまざまな掲示をします。具体的に、学年としての目標、子供たちへの称賛・叱咤激励などです。

そうした掲示があることで、子供たちは今の自分たちに必要なものを考え、それが同じ方向を向かせる材料となっていきます。特にホワイトボードはほぼ毎日更新し、今、子供たちに伝えたいことを書くことで、学年集会等を開かずともダイレクトに伝えることができます。

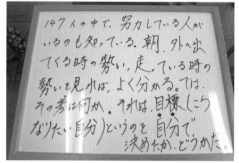

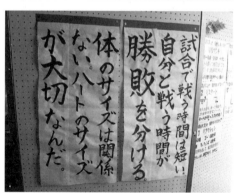

### （2）学級において

6年生の担任として、学級開きなどで子供たちに次のように語り掛けます。

> 皆さんは最高学年になりました。最高の学年にするために、一人一人の力が必要です。みんなで一致団結し、同じ目標に向かってがんばりましょう。
> しかし、中にはどうしても考えが合わない人がいるのも事実です。でも、考えが合わない人とどう上手に付き合っていくかを考えるのも、これからの人生においてとても重要なことです。合わないと感じても、同じ目標をクリアするために、何ができるか、とことん考えていきましょう。

学級を1枚岩にするために必要なメッセージは、「みんなで仲良くしましょう」ではなく「同じ目標に向かって突き進むために手を取り合いましょう」です。6年生の場合は、中学校や高校、社会に出ていくことも視野に入れて、指導していく必要があります。

## 2. 協調性を伸ばす小ネタ＆小技

### （1）同じ思いが伝わるTシャツを作る

学年全体で同じ思いを持つため、テーマとなる言葉を募集します。そして、その言葉を背中に書いたTシャツを作り、各種行事等に臨みます。そうすることで、自分は学年の中の一員であるという認識が強くなり、周囲と協力しようとする意識を高められます。

### （2）担任によるチームとしての協調性

同じ学年になった教員は、学年主任をリーダーとしたチームです。そのため、担任たちの協調性が乱れると、子供たちにも影響してしまいます。

学年の教師全員が同じ考えを共有し、同じ方向を向けるようにこまめに連携を取ることが大切です。担任たちが協調性を持つことができれば、それが良い形で子供たちにも伝播します。

学年会資料

H30.3.19

【今週の予定】今週で全てが終わる。最後までよろしく！

| 日にち | 業前 | 日中 | 放課後 |
|---|---|---|---|
| 3月19日（月） | 表彰朝会 | 通常日課⑤ 卒業式予行②③ | 職集 |
| 3月20日（火） | 全校読書 | 通常日課⑤ | 学級事務 |
| 3月21日（水） | 春分の日 | | |
| 3月22日（木） | モニスク | 4時間授業 卒練① 給食終了日 | 卒業式準備 |
| 3月23日（金） | 健康観察 | 卒業証書授与式 出席統計 | 学級事務 |

【各教科等】
国語：了 社会：了
算数：了 理科：了
音楽：了 図工：了
家庭：了 体育：了
総合：了 外国語：了

【その他】
・春休み号（長本先生）
・要録準備 → コピー（「原本と相違ない」を一緒に）
・モニスク冊子やジャンプタイム冊子、算数のたしかめ等、やり残しがないように。
・プロフィール帳などは放課後にやらせるよう指導。学校内でしない。
・卒業証書の確認→ホルダーに入れる。
・配布物は卒業式前日に配る
・持ち物を持ち帰る準備を。→教室環境少しずつ外していく。
・個人情報の書類は、通知表の封筒に入れる。
・賞状作成（漢字、マラソン、1年皆勤賞）
・5年生→名札に花をつけてもらう（木曜日の最後の練習？）
・卒業品　前日配付（ノート）
・卒業記念品　ストップウォッチ×6台
・中学校に送る物　→　(1) 要録のコピー（指導、学籍、保健）　(2) 新体力テストの結果
　　　　　　　　　　　　(3) ゴム印　(4) 奨学デシール　(5) 児童・生徒支援シート

※来週の予定。

| 日にち | 業前 | 日中 | 放課後 |
|---|---|---|---|
| 3月26日（月） | | 修了式 | |
| 3月27日（火） | | | |
| 3月28日（水） | | | |
| 3月29日（木） | | | |
| 3月30日（金） | | 今年度最終日 | |

# 3 外部の人との連携の 小ネタ&小技
## －どんな外部人材とどう連携するか－

## 1. 教師は全てにおいてスペシャリストである必要はない!

　「教師なのだから、全てのことを知っていて、完璧に教えられなければいけない!」と思っている人はいないでしょうか。そんな風に思っていたら、身体がいくつあっても足りません。日々の授業準備、学級経営、保護者対応、校務分掌…ただでさえ教師は多忙です。「授業内容に妥協はしたくない」「子供のことでできることはしてあげたい」と思いますが、自分一人では限界があります。そこで、活用したいのが外部人材です。とはいえ、どのような人材がいるのか知らなければ活用することができません。ここでは、教師の日々の実践を助けてくれる外部人材について紹介します。

## 2. 授業で使える、連携術!

### (1) ICT支援員 (サポーター)

　ICT支援員 (サポーター) とは、各学校を月1〜2回程度訪れ、ICTに関わる授業支援や学校ホームページ管理などの業務をしてくれる専門家です。学習指導要領の改訂によりプログラミング教育が必修となり、ICTの活用推進が謳われています。ICT支援員は、ICTを使った授業づくりやプログラミング教育についてのノウハウをたくさん持っています。例えば、ICT支援員が来校する日に合わせて、プログラミング教育の授業を実施するなどすれば、授業のサポートなどをしてもらえます。ICT支援員が来校するスケジュールは教務主任や情報主任が知っているので、確認しましょう。

### (2) ゲストティーチャー・学習支援ボランティア

　「学校応援団」などの組織を活用し、保護者をはじめとする方々にゲストティーチャーや

学習支援ボランティアとして授業に参加してもらいましょう。家庭科の調理実習やミシンを扱う授業の際には、人手があるに越したことはありません。学年全体で、保護者に応援を頼むとよいでしょう。

## （3）スクールカウンセラー（SC）

特別な支援が必要な子供や発達障害のある子供、保護者がネグレクトで支援が必要な子供などは、どの学級にもいると思います。現在は、クラスの約1割が特別な支援を必要としているとの指摘もあります。

その意味でも、次の進路である中学校への進学に向けて、SCと情報共有をし、組織として対応することが大切になってきます。自治体によってSCの来校頻度はまちまちですが、詳細な情報共有がカギを握ります。例えば、SCが来校時に座席表を渡して気になる子供を伝え、授業後には話をするなどの取り組みが考えられます。そうしたやりとりの中で、支援方法を一緒に考えたり、保護者との面談の資料を作成したりできます。

## （4）企業・団体など

企業・団体などとの連携事例としては、総合的な学習の時間に子供が課題解決のために専門家からフィードバックをもらうなどの実践が考えられます。子供たちはその道のプロフェッショナルから助言をもらえるわけで、とても貴重な機会となります。2020年からのコロナ禍で、ビデオ会議システムが普及したことから、こうした実践もやりやすくなってきています。通常であれば時間的・距離的な制約で来てもらえないような人も、オンラインであれば参加してくれるなんてこともあります。1人1台のデジタル端末が入れば、「Zoom」や「Google Meet」などのビデオ会議システムも無料で使えるようになるはずなので、積極的に活用したいところです。

# 3. 外部との連携の際の留意点

外部との連携は、「社会に開かれた教育課程」を具現化していく上でも非常に大切です。ただ、一歩間違えると「チーム学校」としての輪を乱してしまうこともありますので、注意が必要です。

まず、管理職への報・連・相は不可欠です。プランを立てるとき、変更があったときは、必ず管理職に報告しましょう。

また、外部との連携は、学年全体で動くことが多くなると思います。その際には、情報の共有をしっかりと図り、どの教師も取り残すことなく進めていくことが重要です。

最後に忘れてはならないのが、事務員や校務員への連絡です。特に、ウェルカムボードを作ってくれたり、お茶を出してくれたりする校務員には、事前に外部の人が来校する旨を伝え、直接お願いしておきましょう。

 **4** 学習評価・通知表の
小ネタ＆小技
ー適切な評価は、適切な指導からー

## 1. 学習評価は何のために行うのか

　学習評価は誰のために行うものでしょうか。国立教育政策研究所から出されている「学習評価の在り方ハンドブック（2019年6月）」には、学習評価に関する基本的な考え方が以下のように示されています。

> 　学習評価は、学校における教育活動に関し、児童生徒の学習状況を評価するものです。「児童生徒にどういった力が身に付いたか」という学習の成果を的確に捉え、教師が指導の改善を図るとともに、児童生徒自身が自らの学習を振り返って次の学習に向かうことができるようにするためにも、学習評価の在り方は重要であり、教育課程や学習・指導方法の改善と一貫性のある取組を進めることが求められます。

　つまり学習評価は、①教師が指導の改善を図るため、②子供たちが次の学習に向かっていく意欲を高めるため、に行われるものなのです。
　ですから、学期末になって通知表作成のために学習評価を行っていては、その基本的な考え方からは大きく逸れてしまいます。まずは教師が、学習指導要領に基づいた指導とそれに対する評価を日々積み重ね、学習指導を充実させていくことが重要です。学習指導が充実すれば、子供たちは自然と、自ら学習に向かっていくのではないでしょうか。

## 2. 指導と評価が一体化した授業づくり

　1時間の授業をつくるとき、まずは「本時の目標」を考えるでしょう。次に

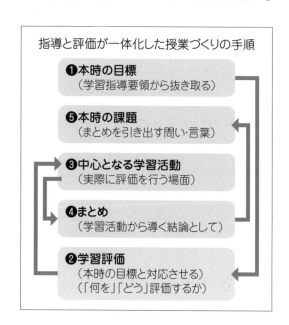

指導と評価が一体化した授業づくりの手順

❶本時の目標
　（学習指導要領から抜き取る）

❺本時の課題
　（まとめを引き出す問い・言葉）

❸中心となる学習活動
　（実際に評価を行う場面）

❹まとめ
　（学習活動から導く結論として）

❷学習評価
　（本時の目標と対応させる）
　（「何を」「どう」評価するか）

行うのが、指導と評価が一体化した「ブレない」授業をつくるための「学習評価」です。目標に対して「何をどのように評価するか」が決まっていれば、授業が大きく食い違うことはありません。しかし、これではまだ授業はできません。「指導」が定まっていないからです。学習評価をどのような学習活動で見取るかを考えることで、初めて指導と評価は一体化します。あとは、授業のまとめと本時の課題を考えれば、1時間の授業は概ね完成です。授業をつくる順番を少し変えるだけで、指導と評価が一体化した授業をつくれるだけでなく、短時間で授業の要点を整理することができます。

## 3. 通知表は「たし算」で自由自在!

　通知表の、特に所見文の作成も、日頃の学習指導の評価の観点が明確になっていれば、さほど苦労することはありません。2017年告示の学習指導要領を受けて整理された「知識・技能」「思考・判断・表現」「主体的に学習に取り組む態度」の3つの評価の観点を文章として表したとき、文末の表現を概ね下のようにまとめることができます。あくまで一例ですが、これらを文章の骨組みとして、「たし算」をしていけば、どんな文章も、自由自在に書き上げることができます。

> [知識・技能] 〜について理解しました。/〜ができました。
> [思考・判断・表現] 〜を考えることができました。/〜を決めることができました。/〜を表現することができました。/〜をまとめることができました。
> [主体的に学習に取り組む態度] 〜しようとしました。/〜を日常生活にも生かそうとしていました。

　例えば、体育の側方倒立回転で膝を伸ばす練習を繰り返してできるようになった子供の技能に関して記述するとします。最もシンプルな文章は下の【骨組み】の文章ですが、これでは呼んだ保護者も「それで?」となるので、付加価値を付け加えていきます。子供のがんばりやできたことの価値を付け加えていくと、保護者にも記述した内容の良さが伝わるでしょう。指導と合致した所見であれば、もしも保護者から問い合わせがあったとしても、根拠をもって説明することができます。

| 骨組み | たし算① | たし算② |
|---|---|---|
| 体育科の「マット運動」では、側方倒立回転ができるようになりました。 | 体育科の「マット運動」では、膝まできれいに伸びた側方倒立回転ができるようになりました。 | 体育科の「マット運動」では、自己の課題に対して繰り返し試技を行い、膝まできれいに伸びた側方倒立回転ができるようになりました。 |

# 5 保護者対応の小ネタ&小技
## ー保護者の信頼を得るポイントー

## 1. 保護者の信頼を得るために

　保護者の信頼を得るにはどうしたらよいでしょうか。ポイントの一つは、相手の立場に立てるかどうかです。確かに教室では40人程度を一斉に見ているため、個々への対応が疎かになってしまう部分があるかもしれません。しかし、保護者から見れば、それぞれが大切な一人なのです。つまり一人を軽んじれば、40人を軽んじるのと同じことになります。そのような意識の転換が、保護者の信頼を得る一番確かな方法かもしれません。そうした観点から、担任として大切にしておきたいことをいくつか紹介します。

## 2. 保護者対応の実際

### （1）電話対応

　保護者からの電話で特に多いのは質問ですが、時にはご意見をもらうこともあります。その際は、まず相手の主張を確認するために、傾聴することが重要です。

　その上で、担任個人として対応するのが難しい場合には、学年主任や管理職に相談します。ここまで来ると、恐らく電話対応だけでは難しくなっている状況ですので、面談をお勧めします。こちらに非がある場合は、家庭訪問をすることになるでしょう。どちらにしても、そこに至る前に何らかの手を打つことができるはずです。

　例えば、子供同士で争いがあった場合、その状況が子供の口から保護者に伝わると、言葉の受け取り方などから、間違って伝わる恐れがあります。それを防止するために、子供が家に到着するまでに、こちらから連絡をします。すると、保護者は子供から話を聞く前に状況が理解できているので、無用な心配をしなくて済むようになります。

### （2）学年だより

　保護者へ一斉の連絡を行うのが学年だよりです。学年だよりは、ちょっとした工夫をすることで読んでもらえるようにします。冒頭の文は、自分の思いが伝わるように、現在の学級

の状況を踏まえて書きます。そして掲示してもらえるように見やすい色づかいをして、カラーで印刷します。そして裏面には子供の活動の写真などを載せておくと、大切にしてもらえる確率はぐっと上がります。

## （3）個人面談

　個人面談は保護者との信頼関係づくりに非常に有効です。子供の様子を分かりやすく伝えるとともに、家庭での状況、そしてお互いに子供の今後をより良いものにしたいという思いを共有できるようにすれば、信頼関係の構築は成功です。

←本音が出やすい机の配置。真っすぐよりもお互いの視線がぶつからないので、斜めがお勧めです。

## （4）教室環境の整備

　授業参観などで教室に来た保護者は、掲示物や教室環境など、さまざまな所を見ています。例えば、作品などの掲示物があれば、必ず「うちの子の作品はどこかしら…」などと探します。そんなとき、作品が掲示されていなければ寂しい思いをし、中には不信感を持つ人もいるかもしれません。作品の掲示は全員分がそろっているかどうか、必ず確認しましょう。

　また、ロッカーや棚が隅々まできれいに清掃されていれば、学級そのものが落ち着いた印象を与えます。教室整備を心掛け、いつ、誰が来ても、自信を持って公開できる学習環境づくりが大切です。

## （5）進んであいさつをする

　月並みですが、明るく元気にあいさつすることはとても大切です。それは、自分のクラスの保護者だけでなく、他のクラス、他の学年の保護者であってもそうです。保護者同士はいろいろなところでつながっているので、「あの先生、感じがいいね」と思ってもらえれば、その噂が広がっていきます。保護者に限らず、学校で見ず知らずの人に会ったら、明るく元気に「こんにちは！」と言うようにしましょう。

# 6 提出物処理の小ネタ&小技
## ―集める前に勝負は決まっている!?―

## 1. 忘れ物をするとなくなるもの

「忘れ物をして困るのはだれですか?」
「自分です。」

　こうしたやり取りを何度繰り返しても、基本的に子供たちの忘れ物は改善しません。なぜなら、忘れ物をしても、教師に怒られても、子供たちはその場、その時間を耐えれば「困らない」からです。しかし、そうした子供たちが社会に出たとき、「自分が困らないからいいや」と考えていては、信頼される大人にはなれません。すなわち、忘れ物は「信頼関係」の問題なのです。

**「私があなたを信じる気持ちが、少しなくなってしまいました。」**

　このように伝えた場合、反応は子供によってまちまちですが、自分なりに忘れない工夫をしたり、忘れても自分から謝罪に来たりと、変容が見られます。

　提出物処理で最も大切なことは何かと問われれば、それは「提出させること」です。期限までに提出物がそろえば、計画的に処理を行うことができます。しかし、提出されていないものがあれば処理することができないので、子供の協力が不可欠です。教員も子供から信頼される存在でなければならないのです。

## 2.「出せる!」「出したい!」を引き出す

### (1) 期限の視覚化で「これなら出せる!」

　工夫の一つは、提出物を一覧表にして子供から見える場所に掲示することです。いつでも見られるので、子供も自分で確認できますし、帰りの会などで提出物を説明する手間も省けるので、時間短縮にもなります。

> **コラム** 関わり合いの中で
>
> 　いつも提出期限に間に合わないA君が、間に合ったことがありました。「間に合ったね」と言うと、A君が「はい!今回忘れたら、もう人としてどうかと自分でも思ったので!」と元気良く答え、二人で大笑いしました。

| | |
|---|---|
| 文集5回目 | 11/30(月)まで |
| 家庭科 マイバッグ | 12/4(金)まで |
| 計ド □ まで | 12/2(水)まで |

## （2）提出した子供の呼名で「自分も出したい！」

　まだ提出していない子供を呼名したり紙に書いて掲示したりすることはよくあると思いますが、逆に提出した子供を呼名し、その場で立たせます。初めは何事かと不安そうな子供たちも、事実を知ると歓喜の渦です。子供たちは口々に「提出してよかった〜！」と言います。

# 3. 提出物処理の時短術は「集める前」が大切！

## （1）「いつ」「どこで」見るかを考える

　提出物を集めたのはよいものの、そのまま学期末まで放置ということもあるのではないでしょうか。集める前に「いつ」「どこで」処理するかを考えておくと、ある程度スムーズに進められます。例えば、宿題のチェックは「午前中の休み時間」に「教室」で行う、テストの丸付けは「空き時間」に「職員室」で行う、といった具合にです。図工や家庭科などの作品は、「放課後」に「教室」で見ることをお勧めします。下校前に、子供に自分の作品を机の上に置いて帰るように指示をすれば場所も取りませんし、名前の書き忘れがあったとしても誰の作品かすぐ分かります。

## （2）丸つけにも意味を持たせる

　本来であれば、子供が書いたまとめや感想にも全てコメントを書いて価値付けしたいものですが、6年生ともなると教科も多岐にわたり、時間がいくらあっても足りないのが現実です。そのため、例えば「一重丸はOK」「二重丸は素晴らしい」「花丸は大変素晴らしい」と3段階に分けて評価し、その意味を子供に伝えておきます。すると、チェックする時間も最小限で済み、返却物を見た子供も「やった！花丸だ！」と自分の出来栄えを確認することができます。

> **コラム** 提出物の「一気集め」は禁物
>
> 　教科担任として、学年全クラスの社会科を担当していた時のことです。まとめが書かれた160名分のノートを同じ日に集めたところ、評価にかかった時間はなんと3時間！ 心も体もくたくたでした。今では、曜日ごとにクラスを分けて集めるようにしています。

# 教師と子供たちの明るい未来に向けて

　本書「はじめて受け持つ小学校6年生の学級経営」をお読みくださり、心から感謝申し上げます。「はじめに」で書いたように、本書は子供たちに「主体性」と「多様な他者と協働する力」を養うことを目指し、そのためのネタや工夫等がたくさん盛り込まれています。

　ただ、読んでいただいて分かるように、専門的な理論や理屈は、ほとんど書かれていません。それは、学級経営に困っている現場の先生に、即戦力となる情報を提供することで、不安や負担を少しでも軽減してほしいとの思いで編集しているからです。もし、「主体性」とは何か、「協働」とは何かと、理論的なことをもっと突き詰めて学びたいという方は、ぜひ他の専門書等を当たってみてください。

　今、学校は「大変な時代」を迎えています。新しい学習指導要領では、「主体的・対話的で深い学び」が導入され、これまでのコンテンツベースの学びから、コンピテンシーベースの学びへの転換が求められています。また、小学校においては教科としての外国語（英語）やプログラミング教育なども、教育課程に入りました。さらには、GIGAスクール構想で1人1台のデジタル端末が入り、それを活用した学習活動も求められています。

　次から次へと降ってくる教育改革と、ますます多様化する子供たちを前に、疲弊気味の先生も少なくないことでしょう。2021年度から、段階的に「35人学級」になるとはいえ、要求されることがこのまま増え続ければ、負担は一向に減りません。教育行政には、教師の負担軽減に向けて、抜本的な改善策を講じてほしいところです。

　多忙化解消に向けて、教師自身でできることは何かといえば、仕事を効率的にこなしていくことです。換言すれば、「手を抜くところは抜く」ということでもあります。「そんなこと、子供のことを考えたらできない」と言う先生もいるかもしれませんが、仕事を効率化することが、必ずしも子供のマイナスに作用するとは限りません。

　日本の学校教育は世界的に見ても非常に手厚く、面倒見が良いと言われています。一方で、そうした手厚さが、子供たちの主体性を奪い、受け身の指示待ち人間を育ててきたとの指摘も、最近は多くの教育関係者がしています。「手を抜く」と言うと聞こえが悪いですが、ある程度は子供自身に活動を委ね、手放していくことも必要との見方もできます。何より、

「子供のために」と、教師ががんばり続けた結果、心身を壊してしまったら元も子もありません。実際に、そうした先生方が全国にはたくさんいます。

　そうした観点から、本書では効率的に学級経営ができる工夫や小技なども数多く紹介してきました。その多くは、全国のどの学校、どの学級でもすぐに使えるものです。実際に実践してみた先生の中には、「子供たちが大きく変わった」と言う人もいます。学級経営が変わり、子供が自主的・主体的に動くようになれば、教師の負担も少なからず軽減されます。

　また、これからの小学校教師には、1～6年の全ての学年を受け持つ資質も求められています。中には「私は低学年のスペシャリストになりたい」などと考えている人もいるかもしれませんが、そうした意向が通らない時代になりつつあるのです。その意味でも、1～6年生の全ての学年の学習内容を把握することはもちろん、発達段階的な特性なども理解した上で、学年に適した学級経営もしていかねばなりません。学年別で編集された本書は、そうしたニーズにも対応する形で執筆・編集されていますので、ぜひ参考になさってください。

　2020年から猛威を振るう新型コロナウイルスにより、学校の教育活動には多くの制限がかかっています。係活動や当番活動、学級会なども、これまで通りのやり方ができず、苦労をされている先生も多いことでしょう。本書で紹介した実践の中にも、感染症等が蔓延している状況においてはそのまま実践するのが困難なものもあります。実践方法を工夫するなどしてご活用ください。
　より良い未来を築くために、子供、教師、保護者、地域の方々等、学校教育に関わる全ての人々が幸せになれる教育活動を共に実践、推進していきましょう。
　子供たちや先生が伸び伸びと活動できる素敵な日々が続くことを祈っています。

2021年3月

小川　拓

編著

小川　拓（おがわ・ひろし）

共栄大学准教授／元埼玉県小学校教諭

1970年、東京都生まれ。私立、埼玉県公立学校教諭・主幹教諭を経て、2015年度より共栄大学教育学部准教授。2007年度から埼玉県内の若手教職員を集めた教育職人技伝道塾「ぷらすわん塾」、2015年より「OGA 研修会」（教師即戦力養成講座）を発足させ、若手指導に当たっている。主な図書に『効果2倍の学級づくり』『できてるつもりの学級経営9つの改善ポイント―ビフォー・アフター方式でよくわかる』『子どもが伸びるポジティブ通知表所見文例集』（いずれも学事出版）他がある。

執筆者

飯塚　南水（埼玉県さいたま市立常盤小学校教諭）
髙橋　健太（埼玉県戸田市立戸田東小学校教諭）
細野 亜希子（埼玉県戸田市立笹目東小学校教諭）
中山　英昭（埼玉県上尾市立鴨川小学校主幹教諭）

はじめて受け持つ
小学校6年生の学級経営

2021年4月15日　第1版第1刷発行

編　著 —— 小川　拓
発行人 —— 花岡 萬之
発行所 —— 学事出版株式会社
〒101-0021
東京都千代田区外神田2-2-3
電話 03-3255-5471
http://www.gakuji.co.jp

編集担当 —— 二井　豪
編集協力 —— 株式会社コンテクスト
デザイン —— 細川 理恵（ホソカワデザイン）
印刷・製本 —— 精文堂印刷株式会社



ISBN978-4-7619-2698-4　C3037